余长江　金艳玲　著

大别山走出来的企业家
DABIESHAN ZOUCHULAI DE QIYEJIA

彭纪学
PENG JIXUE

华南理工大学出版社
SOUTH CHINA UNIVERSITY OF TECHNOLOGY PRESS
·广州·

图书在版编目（CIP）数据

大别山走出来的企业家——彭纪学／余长江，金艳玲著．—广州：华南理工大学出版社，2020.6
　ISBN 978－7－5623－6300－2

Ⅰ．①大…　Ⅱ．①余…　②金…　Ⅲ．①彭纪学－生平事迹　Ⅳ．① K825.38

中国版本图书馆 CIP 数据核字（2020）第 049185 号

大别山走出来的企业家——彭纪学

余长江　金艳玲　著

出 版 人：卢家明
出版发行：华南理工大学出版社
　　　　　（广州五山华南理工大学 17 号楼，邮编 510640）
　　　　　http://www.scutpress.com.cn　E-mail: scutc13@scut.edu.cn
　　　　　营销部电话：020-87113487　87111048（传真）
策划编辑：庄　严　梁玉琪
责任编辑：梁玉琪　李秋云
责任校对：唐燕池
印 刷 者：广州市新怡印务有限公司
开　　本：700 mm×1000 mm　1/16　印张：12　字数：129 千
版　　次：2020 年 6 月第 1 版　2020 年 6 月第 1 次印刷
定　　价：42.00 元

版权所有　盗版必究　印装差错　负责调换

前言

彭纪学心中一直有一个愿望，就是写写他自己的故事、写写他这一代人的奋斗。每当提起这个愿望，他都感慨万千，甚至眼含热泪，不为曾经的困难和挫折，只为一路不曾停歇的脚步和一颗永远不愿服输的心。

总结过去是为了更好地开创未来。回顾彭纪学的童年时代，奶奶、父母亲起早贪黑辛勤劳作，一家九口人仍然吃不饱、穿不暖，所以记忆里有寒冷、有饥饿、有苦难；虽然家境贫寒，但三代同堂其乐融融，所以记忆里有温暖、有快乐、有幸福。

少年时代，天有不测风云，八岁的三弟身患急性白血病，整个家庭乌云密布。为了挽救身患重病的弟弟，为了改变家庭贫困的现状，三个姐姐早早嫁人，二弟小学辍学便外出打工。作为家中的长子，彭纪学则留下来边上学边陪伴身患重病的三弟，所以记忆里有困苦、有挣扎、有无奈。虽然生活艰难，但一家人同心同德。彭纪学凭着勤劳智慧，根据从书上学到的科学知识进行养殖和种植，这不仅激发了他研究的兴趣，也使他收获了丰硕的果实，所以记忆里有坚韧、有不屈、有希望。

青年时代，彭纪学带着憧憬和梦想南下务工。初到虎门，他看守果园、做干布工、打扫卫生……经历过果园里窝棚的寒冷、蒸汽房里70℃的高温，所以回忆里有苦、有累、有辛酸。但是他因为踏实肯干和认真负责而受到领导的认可和赏识，从生产车间工人、办公室文员做到了统计员、厂长助理、公司总管和总务；本着执着和真诚，从开洗衣店、水果店到成立抛光材料公司，产品越销越远、企业越做越大，所以回忆里有奋斗、有喜悦、有幸福。

如今已经迈入不惑之年的彭纪学，其人生可谓是酸甜苦辣，不同寻常。如果说人生以80年计算的话，到今天，他正是站在人生的中途，感叹人生的漫长，感慨人生的短暂，感谢人生的收获……不经意的40年，留下了难得的经验和感悟，他愿把这些经验和感悟转化为文字，献给今天那些努力奋斗的热血青年，希望年轻的一代能够从中读出他们这一代人的奋斗，也悟出属于自己的人生之路！

彭纪学作为改革开放先富起来的那一部分人，事业稳定、家庭幸福，过上了曾经不敢想象的美好生活。"不忘初心，方得始终"，只有心怀感恩、努力奋斗，才能不断取得事业的进步，才能更好地实现梦想！

回顾过去，百感交集；展望未来，充满期待。在中国梦的感召下，彭纪学又一次站在了新的起跑线上，他决心把个人梦想融入实现中华民族伟大复兴的中国梦，借着"一带一路"倡议的契机，开创更加美好的明天！

目录

第一篇 —————— 1
大别山的生活

第一章　家乡大别山 / 2
第二章　祖辈的生活 / 8

第二篇 —————— 37
初到梦想开始的地方

第一章　虎门印象 / 38
第二章　义务看护鱼塘 / 40
第三章　最好的员工 / 42
第四章　提职受挫 / 46
第五章　晋升新职位 / 50

第三篇 —————— 55
奋勇追逐创业梦

第一章　开启创业新篇章 / 56
第二章　兄弟同心共筑创业新梦想 / 63
第三章　开启"追美"之路 / 75
第四章　研发创新促发展 / 86
第五章　以客户为中心赢得市场 / 94
第六章　执着追逐"美"的事业 / 98

第四篇 —— 105
理念推动企业发展

第一章　立身之本靠人品 / 106
第二章　追求质量重安全 / 118
第三章　谋求发展靠创新 / 122
第四章　顺势而为讲政治 / 128

第五篇 —— 133
信心满怀创未来

第一章　加强企业硬件建设 / 134
第二章　提升公司软实力 / 139
第三章　在国家"一带一路"倡议下走出去 / 151

第六篇 —— 155
注重家风严传承

第一章　勤俭节约 / 158
第二章　崇尚学习 / 161
第三章　家庭和睦 / 168
第四章　诚实守信 / 175
第五章　崇尚奋斗 / 180

后　记 —— 184

第一篇
大别山的生活

具有悠久历史和优良革命传统的大别山区是彭纪学的家乡，他在那里度过了童年和少年时代。大别山生活中的饥饿和寒冷培育了他的勤奋和坚韧，大别山生活中的挣扎和无奈锻造了他的执着和勇气，大别山生活中的尝试和努力坚定了他的信念和梦想，大别山生活中的幸福和快乐孕育了他的情怀和乐观，大别山生活中的单纯和朴实孕育了他的诚实和善良……大别山的一切都融进了彭纪学的血液和骨髓，成了他生命的一部分。

第一章 家乡大别山

每一个人都有家乡。家乡的一条河、一棵树、一抔土,家乡的人、家乡的花、家乡的草,甚至一只流浪的狗、一声公鸡的打鸣都能勾起每个人对家乡无限美好的回忆。尤其对于常年在外的人们来说,总有一些东西在不经意间拨动他们对家乡的记忆。彭纪学顾家也念家,不管何时,只要提起家乡他都会充满温暖和喜悦。彭纪学的家乡在大别山深处的一个小村庄里。

一、大别山:"山之南山花烂漫,山之北白雪皑皑"

大别山在我国可谓家喻户晓,但凡第一次听到这个山名的人都觉得这名字太与众不同了,这座山为什么叫作大别山呢?追根溯源,这和大别山独特的地理条件和文化渊源有关。大别山脉连绵千里,是中国长江和淮河的分水岭,山南麓的水流入长江,北麓的水流入淮河。因此,大别山山南山北的气候环境截然不同,植被差异很大,这也成为大别山独特的自然景观。相传西汉的史

第一篇 大别山的生活

学家司马迁在20岁时曾游历今天江苏、浙江、江西、湖南、安徽、山东、河南等地的许多名山大川,当他登上了大别山主峰后,观赏了南北两侧的景色不禁感叹道:"山之南山花烂漫,山之北白雪皑皑,此山大别于他山也!"大别山便由此而得名。通过这个历史故事我们可知大别山有着悠久的历史。

大别山的最高峰(主峰)称为白马尖(海拔1777米),次主峰为多云尖(海拔1763米),第三高峰是天河尖(海拔1755米),三峰呈品字形三足鼎立。其中,白马尖和多云尖相距800米。白马尖和多云尖都位于安徽省六安市霍山县境内,天河尖在安徽省安庆市境内,与白马尖和多云尖相距约1000米。大别山主峰的名字非常有特点,只要是列入前十位的所有高峰均以"尖"命名,如此命名据说与宗教里对天的向往和崇拜有关。

大别山主峰白马尖之名据传有一段和佛教有关的故事。佛教传入中国后,东汉永平十一年(公元68年),汉明帝刘庄为铭记天竺(古印度)高僧迦什摩腾、竺法兰用白马驮载佛经佛像到中国传播佛教,在洛阳兴建了白马寺,这是佛教传入中国后兴建的第一座寺院,也称为中国佛教第一古刹,有中国佛教的"祖庭"和"释源"之称。通常寺庙的选址不是在山上就是在海边,以表达僧人远离尘世、养心修行的精神追求。因内陆人口远多于海边,所以依山而建的寺庙要远远多于临海而建的,久而久之人们也习惯地认为寺庙应该建在山上,从而也就有了所谓的"山无寺则无名,寺无山则不灵"之说。由于白马寺的选址是由汉明帝所定，且是中华第一佛寺，故并未遵循依山而建的常规。因此，白马寺建成后印度高僧只好设想在中华大地的南方找一座山，作为理想中和白马寺相依而建的山，虽山、寺分处两地，只要取同名，虽遥相顾盼但取意依山而建，这样更有利于佛法在中华大地上弘扬。印度高僧认为，中华民族起源于黄河长江，因此如果白马寺建在黄河流域，白马山理应在长江流域。于是印度高僧以金瓶掣签的方式甄选与白马寺的同名山，掣签的结果是此山应该位于白马寺东南方，山呈东南—西北的走势对着白马寺的方向。按此选山的标准，便只有长江淮河的分水岭——大别山符合，于是大别山的主峰便得名白马尖。其所以称为尖而不是山，一是因为大别山已经为山，而它的最高峰再称为山不太合理，如称作峰则因山峰之称呼太多，未免俗套而与白马寺不配。二是为了表达佛教对造物的苍天的膜拜，用尖更为贴切，因此就取名为白马尖，从此以后就有了"北有白马寺，南有白马尖"的说法。

大别山次主峰多云尖海拔1763米。相传到了唐朝时有高僧为了在大别山进一步弘扬佛法，就选中了在距白马尖直线距离仅800米的多云尖建寺庙，并命名为多云寺。后因山高路险，香客难以抵达，僧人难以生活，多云寺逐步衰落。时至今日，多云尖上仍有多云寺遗址遗迹。

大别山主峰所在地现已建成大别山主峰（白马尖）景区，由白马尖、龙井峡、别山湖、四望山和大别山庄度假村组成，有高山漂流等项目。该景区于2002年开始规划设计建设，于2010年建成并对外开放。

凡到过大别山主峰景区的人们无不为这里的美丽风光和高超的艺术性所惊叹。这是中华人民共和国成立以来开发的旅游风景区中最富有艺术性的景区之一，其创意设计和开发过程在我国风景区开发史上可谓独树一帜，很富有传奇性。其独特性在于景区的建设风格是在提炼出大别山特定文化元素的基础上，融合了自然和时尚的要素，形成了大别山主峰景区自成体系的景区风格，极具观赏价值。

二、大别山：英雄的土地传颂着英雄的故事和精神

大别山不仅有悠久的历史和美丽的风景，还是我国著名的革命老区。大别山位于我国安徽、湖北、河南三省交界处，介于北纬30°10′~32°30′，东经112°40′~117°10′。西接桐柏山，东延天柱山、张八岭，西段作西北—东南走向，东段作东北—西南走向。大别山东视南京，西隔武汉，基本上位于南京和武汉的正中间。正是其独特的地理位置，使得大别山对南京和武汉具有极其重要的军事价值，这是刘邓大军挺进大别山的地理前提，也使得大别山区成为我国著名的革命老区之一。

新民主主义革命时期，大别山区是中国红军第四方面军诞生的摇篮，无数热血男儿在这里走上了不屈的革命道路，很多英雄的故事在这片土地上呈现和传颂。说到大别山的英雄故事，就不能不提刘邓大军挺进大别山。1947年8月7日，刘伯承、邓小平

发出命令：千里跃进大别山！经过20多天的艰苦跋涉和激烈战斗，刘邓大军以锐不可当之势，冲破数十万敌人的围追堵截，于1947年8月27日胜利到达大别山区。之后，陈（毅）粟（裕）大军挺进豫皖苏，陈（赓）谢（富治）大军挺进豫西，三军构成品字形协同作战，共同创建了新的中原解放区。刘邓大军挺进大别山加速了国民党政权的颠覆，奠定了大别山在中国革命史上的地位，使之成为"中国十大红色旅游基地"之一。如今，半个多世纪过去了，虽然时代已经不同，但英雄的故事仍在传颂，英雄的精神仍在大别山区传承。

刘邓大军千里跃进大别山纪念馆、刘邓大军千里跃进大别山革命旧址、刘邓大军前方指挥部旧址……这里到处都是红色的记忆。这些纪念馆、旧址里陈列的每一件物品，都有一个动人的故事。

金寨县沙河乡楼房村周氏祠堂刘邓大军挺进大别山的展室里，就陈列着一捆70多年前刘伯承与邓小平用过的竹筷。乍看这10双筷子似乎没有特别之处，但仔细观察你会发现，每双筷子长22.5厘米，呈圆柱形，筷头顶端带有小圆孔，与当地人使用的普通的竹筷子存在着细微的差别。曾经的楼房中心小学校长周百忍讲述了已故的漆承香老太太保存这些文物鲜为人知的一段经历。

时间要回到1947年农历八月，刘伯承、邓小平带着大部队挺进大别山，与国民党的战斗一直持续着，刘邓大军的指挥部就设在漆承香老太太家住的楼房村。当时漆承香36岁，她见到刘邓首

第一篇
大别山的生活

长就如同当年见到红军时那样高兴，便踊跃投入到支前工作中。她的丈夫周时勉是刘邓首长的炊事员，负责为首长做饭。金寨全境解放后，刘邓首长离开大别山时留下的办公用的桌、椅、凳和生活用具，被细心的漆承香收藏下来。这几件生活餐具被漆承香放置在她出嫁时陪送的衣柜和木箱里。为防止竹筷子被虫蛀和霉变，每当梅雨季节到来时，漆承香就取出竹筷放在太阳下晾晒。如今，这十余件文物在陈列室里供游人参观瞻仰，它们见证了那段波澜壮阔的历史，承载着一种奋斗不息的精神，也体现出了军民之间的鱼水深情。这些文物历经风雨能够保存下来，显得弥足珍贵，如今它们静静地陈列在纪念馆，见证着民族的复兴，也传承着先辈的精神，这些精神融入了大别山人的血脉，代代相传，生生不息。

大别山区山川秀美，地灵人杰。大别山南麓的英山县为活字印刷术发明者毕昇的故里。这里还是明代"医圣"万密斋、京剧鼻祖余三胜、辛亥革命元勋张振武、近代著名方志学家王葆心的故乡。沧桑而古老的历史、丰富的人文资源、众多的英才豪杰、传奇的风云故事、神秘的遗址遗迹……，这一切无疑使这片古老而又充满生机的土地更增光彩、更显风流。这个具有悠久历史和优良革命传统的大别山区，是彭家祖辈们生活的地方。

第二章 祖辈的生活

大别山历史悠久，风光秀丽。她历览26亿年的风雨沧桑，但却始终不改初衷，以她博大的胸怀，承载着无尽的兴衰枯荣。她无私奉献，养育着生生不息的万物生灵。这里是大别山人祖祖辈辈生活的地方，但是对于彭家来说，他们的祖辈只能追溯到爷爷那一代。

一、中国传统农民的缩影

彭家爷爷本不姓彭，因其亲生父母太过贫穷无力抚养那么多的孩子，而被过继到了没有儿子的彭家，自此便随着养父姓了彭。深受封建文化影响的大别山区，无子嗣便会被人轻视，彭家即便是有了过继来的儿子，也没能改变被人瞧不起的现实。大别山深处的人们生活是贫穷的，彭家更是异常贫困。自小吃不饱穿不暖的彭家爷爷决心用自己的努力来改变生活贫困的现状。他勤劳能干、不怕苦累，勤俭节约、持家有方，用自己养马、养羊积

第一篇
大别山的生活

累下来的钱买了几亩薄田，养活了一家子人。彭家爷爷与绝大多数的庄稼人都是一样的，他们执着地认为耕者必须有其田，这是中国农民安身立命之本。但是彭家爷爷又与绝大多数的庄稼人不同，他不像其他的家长那样指望一天天长大的儿子帮他种田干活、拔草养牛，而是用省吃俭用积攒下来的血汗钱把儿子送去学校学习知识。也许彭家爷爷的内心深处一直坚信：唯有知识才能改变彭家被人轻视的现实，唯有读书才能让生活不再贫困！这也许是"万般皆下品，唯有读书高"或者"书中自有黄金屋"的千年古训对爷爷的深刻影响。

常言说"穷人的孩子早当家"。自小生活在贫困中的彭父深深地明白读书对于他而言是改变自己也是改变家庭命运的唯一机会，所以聪明懂事的他勤奋好学、积极上进。他不服输、不认命，他不怕苦、不怕难，努力克服一切困难学习文化知识。付出总有回报，勤奋努力的彭父各科成绩在班级一直名列前茅。1958年，年仅15岁的彭父以优异的成绩考上了安徽临泉师范学院，这成为当时那个贫穷落后的大别山深处的小山村一个爆炸式的新闻，由此彭父成了村里第一个考上大学的人。就此而言，彭父没有辜负爷爷寄予的厚望，但也没有因此改变家庭贫穷的现状，因为当时的中国，即将踏入大饥荒的年代，即"三年自然灾害"时期。1959—1961年通常被称作"三年自然灾害"时期。在这个时期，全国人民陷入了极度饥饿之中。

在这场中华人民共和国成立后最严重的大饥荒中，彭家爷爷奶奶相继去世，身为长子的父亲不能再继续学业，只有退学回家。辍学在家的父亲和叔叔由聋哑的二奶奶带着到处讨饭以求活命，他们不知道这样的日子还能持续多久，甚至不知道明天是否还能活着。所以，那时候彭纪学的父亲每天晚上睡觉的时候说得最多的一句话就是："不知明天还会不会醒来？"这一句话，包含多少无奈和辛酸，又承载多少期盼和希望！

正所谓"天无绝人之路"，就在父亲他们对未来的生活慢慢失去信心的时候，当时村里的大队书记推荐忠厚老实且有文化的父亲去镇上的信用社做事，具体工作就是坐在窗口办理存取款。这对于饥贫交加的父亲来说，无异于雪中送炭。这份工作不仅改变了父亲的命运，也挽救了一家人的生命。对于一家人赖以生存的这份工作，忠厚老实的父亲非常珍惜，他总是每天第一个到信用社，最后一个离开。除了早去晚归，父亲对待工作的态度也是认真负责、一丝不苟，深得身边同事的认可和喜爱。日子就在这规律有序的工作中慢慢溜走，因为有了事做，父亲的生活过得非常充实，对未来也重新树立了信心。

二、简单幸福的父母爱情

常言说"男大当婚，女大当嫁"。在拥有一份还算稳定的工作后，已经成年的父亲也到了婚配的年龄。在那个相对封闭的小山村，婚姻依然还是遵循着传统的"父母之命、媒妁之言"。所以婚配对象的选择大多是通过媒人介绍，再由家长决定，彭母就

第一篇
大别山的生活

是通过这种最传统的媒人介绍的方式认识了彭父。

据彭纪学的母亲说，当得知给自己介绍的对象是在信用社工作时，她没有像其他姑娘一样被动地坐在家里等待媒人安排相亲，而是出于好奇、更是出于对自己未来生活负责任的想法，她独自一人偷偷跑到信用社去"考察"了父亲一番，隔着窗户瞅着父亲在信用社柜台里面认真地工作。父亲专心致志工作的神情让母亲当时就认定这就是自己要嫁的人。多年之后，每每谈到为何母亲会一见面就认定要嫁给父亲，母亲总是认真地说："一个做事认真的人一定是个老实人，跟着这样的老实人过日子才踏实。"彭家母亲没有上过一天学，但她当年选定父亲托付终身的理由，在那样一个落后的年代和封闭的山区，无疑是明智的，也是理性的。这个选择体现了彭母的聪慧和眼光，后来彭母所做的一切都证明了这一点，而她的聪慧和睿智也极大地影响了彭纪学姐弟几人。

母亲对父亲满意，父亲对母亲也没有意见，结婚就是顺理成章的事情了。刚刚经历过三年的大饥荒，生活依然贫困和艰辛。一个简单的仪式、几桌招待亲友的粗茶淡饭，标志着一个新家庭的诞生，也宣告了彭家父母婚姻生活的开始。彭家父亲和母亲结婚时虽然没有像今天很多年轻人一样拥有漂亮的新房和浪漫的婚礼，但他们的幸福以及对于幸福的期待并不比现在的年轻人少，所以从某种意义上说，幸福也许本无关财富和物质。对于幸福是什么，不同的人有着不同的答案。有人说，衣食无忧就是幸福；

也有人说，有一个伴侣和一个温暖的家就是幸福；还有人说，有一份称心如意的工作就是幸福。对于当时的彭家父母而言，所谓的幸福也许就是找到了一位虽不富有但却称心如意的伴侣，拥有了一个虽不华丽但却温暖的家。彭家父亲和母亲一辈子都没有说出"爱"字，但他们简单而幸福的生活却真实地诠释了爱的真谛。

彭家父辈过的是最典型的男主外女主内的生活。彭母像那个时代所有的农村妇女一样，辛勤地操持家务、耕种农田，彭父则在信用社又干了两年，后回到村里当过生产队长、民办教师。在那个时代还算有点文化的父亲注定要更多地参与到时代的建设中，承担更多的工作。母亲的勤劳善良和父亲的勇于担当一直影响着彭家兄弟姊妹，成为他们苦难时战胜困难、成功时保持淡然、贫穷时踏实肯干、富裕时投身公益的精神力量。

三、轰轰烈烈的扫盲运动

知识不仅可以改变个人的命运，也推动着国家的发展。中华人民共和国成立之初，百废待兴，这是一个渴求知识和人才的时代。教育是一个百年树人的事业，也是传播知识、培养人才的国之大事。因此，中华人民共和国成立后，为了推动当时封闭落后的农村教育发展，在公职中小学教师极度缺乏的情况下，一大批具有初中或者高中学历的农民被聘任为中小学老师，这些具有农民身份的教师统称为民办教师。彭父就是众多民办教师中的一员。今天听来，民办教师是个陌生的称呼，但在二十世纪

第一篇
大别山的生活

七八十年代，民办教师对于人们，尤其是农村的人们来说是特别熟悉的。

在任民办教师期间，彭父参与了当时轰轰烈烈的全国扫盲运动。扫盲是个历史性的概念，对于今天的年轻人来说也许是一个无法理解的现象，因为九年义务教育的实行使文盲在我国成为过去式。但在旧社会，上学是有钱人家孩子的事儿，对于大多数的农村孩子来说，上学是一种奢望，所以多数农村孩子是没有上过学的。没有上过学也不认识字的人被称为文盲。中华人民共和国成立初期我国的文盲率高达80%。中华人民共和国成立后，建设国家需要知识文化，更需要具有知识文化的人。因此，扫盲成为当时一个亟待解决的现实问题。为了提高全民族的文化水平以适应政治经济发展的需要，党和政府根据客观形势，有计划有步骤地开展了群众性的扫除文盲运动。一场轰轰烈烈的扫盲运动在全国范围内全面展开，翻身做了主人的人民以极大的热情投入到文化学习的浪潮中去。

扫盲运动期间，政府开办了各种类型的学校，扫盲班遍布工厂、农村、部队、街道，甚至田间地头（见图1-1）。那时对夜校、午校学员们的思想教育抓得很紧，主要是大讲不识字的苦处、识字的好处，以激发学员们的学习热情。到1953年，农村成立初级农业合作社，社员干一天活要到生产队记工，干什么活、记了多少工，社员自己心里也想记个数，不识字就不好记、也不会记，所以就会闹出一些轶闻趣事。其中有一件趣事是有位不识字的大嫂，每天挣几分工就往瓦罐里放几颗玉米粒。一天她去生产队里干活，家中扔下两个孩子，大孩儿为哄小孩儿，就把罐里放了几个月的玉米粒爆玉米花吃了，这可急坏了大嫂。经过这么一件事后，大嫂下决心参加扫盲学习。

图1-1　村民在田间地头学习

从1952年冬季到1953年夏天，扫盲运动掀起了新的高潮。每到中午和晚上，各村的午校和夜校就热闹起来。老人和年轻人，男人和女人，都大声地学拼音、读汉字、唱扫盲歌曲，朗朗的拼音声、读书声和嘹亮的歌声，可谓声声入耳，轰轰烈烈。学员们的积极性非常高，下课以后不少学员走着路、干着活、做着饭、抱着孩子，还在孜孜不倦地读拼音、学写字。经过几个月的紧张学习，有大批学员认识了两三千字，学会了记工、写信、读简单的书报，摘掉了文盲的帽子。图1-2为当时的扫盲合格证书。

图1-2　当时的扫盲合格证书

在这场轰轰烈烈的全国扫盲运动中，身为民办教师的彭父积极响应国家号召，作为扫盲教师投身到这场运动中去。他不仅在午校和夜校当老师，还深入田间地头教村民读书识字。所以，彭父不仅是这段扫盲运动历史的见证者，也是这段历史的参与者。今天的我们无法体会到当年彭父参与扫盲运动时带给自己的巨大成就感和价值感，事隔多年，每当提起这段往事，彭父的眼中都会流露出喜悦而幸福的光芒。这种光芒应该来自每一个人对他所生活的时代的一种担当，以及能够不辜负这份担当所体会到的幸福。

马克思曾说过："作为确定的人，现实的人，你就有规定，就有使命，就有任务，至于你是否意识到这一点，那是无所谓的。这个任务是由于你的需要及其与现存世界的联系而产生的。"从个人角度而言，这个任务就是时代赋予的担当。担当在词典里的意思是接受并负起责任。担当是一种态度，也是一种行为。人应该懂得担当，也就是说人应该有责任感，有的人担当的是维护和平，有的人担当的是保家卫国，有的人担当的是家庭的责任，有的人担当的是国家的责任。担当可以为自己、他人，也可以为国家、民族。每一个人都有一份属于自己的任务，需要自己去担当、去完成。只有当我们担当起了自己的责任时，才能够把事情做好。就像我们学生的责任主要是抓好学习，教师的责任主要是给学生传授知识，警察的责任主要是维护社会治安，清洁工人的责任主要是打扫卫生，车间工人的责任就是生产出合格的产品，管理者的责任就是不断提高管理效率和效果……这种担当体现了个人的价值，也推动了社会的发展。对于当时的彭父而言，责任担当就是投身到轰轰烈烈的扫盲运动中去，为扫除文盲尽其所能，为国家发展尽心尽力。彭父的这种担当也深深地影响着彭纪学姐弟，使他们从小就明白：做人就要做一个负责任、有担当的人。

参加扫盲运动也好，从事日常教学也罢，这都无法改变彭父的农民身份。既然仍然是农民，就要依赖土地生存。所以当时彭父的生活状态通常是有课就在讲台上讲课，没课便到田地里干活。彭母和二奶奶大多数时间也都在田里辛勤劳作。就是在这样一个普通的农村家庭里，彭纪学姐弟几个相继出生，给这个贫穷的家庭增添了无穷无尽的快乐。

四、贫穷而快乐的童年

父亲踏实肯干，母亲勤劳贤惠，彭家父母亲的生活是简单而幸福的。在那个年代，多子多福是绝大多数农村人的观念，因此姐弟六人的相继出生，给这个幸福的小家庭又增添了更多的幸福与快乐。农村孩子们的生活是简单而平淡的，尤其是在贫穷落后的大别山区，天天呈现在眼前的就是大山和黄土，所以对于彭纪学姐弟来说，儿时的很多生活场景都已经很模糊了，但有一幕却始终留在了他们的记忆深处，那就是趴在教室外面的窗台上看着父亲上课的情景。图1-3为20世纪80年代农村小学教室。

尚没有到上学年龄的彭纪学姐弟时常会跑到父亲上课的学校，趴在教室外的窗台上听父亲给学生上课。每当看到讲台上的父亲侃侃而谈，解答学生们提出的难题，他们就觉得父亲是如此的伟大、如此的了不起，这个了不起的父亲给小小的他们带来了无限的自豪。但是这种自豪无法驱走饥饿和寒冷，这种饥饿和寒

图 1-3　20 世纪 80 年代农村小学教室

冷的感觉几乎伴随着他们的整个童年。

当时的彭父边教书边种田,二奶奶和母亲也辛勤劳作,但是父亲微薄的工资收入和种田所获仍不能缓解这个九口之家紧紧巴巴的生活,彭纪学姐弟们经常处于饥饿之中。为了使生活得以继续,也为了孩子们可以吃得饱一点、穿得暖一点,二奶奶往往是天不亮就起床到外面捡柴、拾树叶和野草,来解决一天做饭所用的柴火。母亲也是每天忙忙碌碌,天还没亮就下地种田,晚上则在油灯下缝缝补补,似乎从来没有停歇过。即便如此,家里的生活依然非常拮据,那个时候彭纪学姐弟六人一年到头难得穿一

第一篇
大别山的生活

件新衣服，往往是大的改小，烂了就补，可谓是"新三年旧三年缝缝补补又三年"。比缺衣少穿更让他们刻骨铭心的是饥饿，那时候正在长身体的他们似乎就从来没有吃饱过。每当谈起这段生活，彭纪学都会说到"儿时最大的渴望就是可以放开肚子好好地吃顿饱饭"。这种对于食物的强烈渴望也许是生活在今天的孩子们无论如何也无法理解和体会到的，但这对于当时的他们，甚至对于那一代人来说，吃饱饭是一件可望而不可即的事。正是儿时贫穷的生活经历，使节约成了彭纪学的一种生活习惯。时至今日，经过多年的打拼，他早已不必再为吃饭穿衣而发愁，但他依然非常节约，一直坚持吃饭不浪费、穿衣不挑剔。当然今天的节约已经不是出于经济考虑，而是曾经的饥饿使他深深地明白：一粥一饭当思来之不易。节约不仅是一种习惯，更是中华民族的传统美德，尤其在物质条件大为改善的今天，节约更显得弥足珍贵。

儿时对于饥饿的深刻记忆，使彭纪学不仅秉承着节约的传统，也教育孩子养成节约的习惯。闲暇时、餐桌上，他经常给孩子们讲自己小时候的故事，讲农民种地的艰辛。与很多其他衣食无忧的孩子相比，彭纪学特别欣慰的是儿女虽然从不缺衣少穿，但却都养成了良好的节约习惯。常言说"俭以养德"，彭纪学坚信勤俭节约会成为让孩子们受益终生的财富和品德。

儿时的艰难和贫困使彭纪学童年的回忆里多了一份心酸，但也培养了他坚韧的品格和吃苦耐劳的精神，所以他一直坚定地认为曾经的苦难是一笔巨大的财富，这笔财富成为他努力工作和用心创业的巨大动力。正如泰戈尔在《飞鸟集》中所说："只有经过地狱般的磨炼，才能创造出天堂的力量；只有流过血的手指，才能弹出世间的绝唱！"吃苦是成功的基石，任何事情想要获得成功，都必须经过奋斗和努力，没有吃苦的精神就无法到达成功的彼岸，也无法品尝到成功的喜悦。

"宝剑锋从磨砺出，梅花香自苦寒来。"欢乐与痛苦相伴，艰辛与甜美共生。今天的苦涩和艰辛就是明天的辉煌，主动做个善于吃苦的人，在吃苦中不断磨砺自己的意志力和品质，才能在工作中更好地实现自己的人生价值。吃苦不一定能成功，但是成功的过程中需要吃苦。年轻时多吃苦，注重磨炼意志，在吃苦中思考，在吃苦中前进，才能迈向成功。这也正应验了《孟子》中的一句话："天将降大任于斯人也，必先苦其心志，劳其筋骨，饿其体肤，空乏其身，行拂乱其所为，所以动心忍性，曾益其所不能。"

古今中外，但凡成功者都概莫能外，他们都是在实践中经过艰苦的磨炼，才成就了一番事业。

清代著名作家曹雪芹，出身官宦世家，但后来家庭遭遇天灾人祸，彻底结束了贵公子的生活。但他没有沉沦堕落，在落魄的生活中，一直顽强坚持着《红楼梦》的写作，最后写出了被誉为中国古今第一奇书和"中国小说文学难以征服的顶峰"，并被毛泽东称为"中国封建社会的百科全书"和"中国的第五大发明"

第一篇
大别山的生活

的《红楼梦》。

孔子的高徒颜回，家境贫寒，屋舍破陋，卧在席上只能蜷着身子。虽处在这样的逆境里，颜回却自得其乐，学有所成。于是，孔子便在《论语·雍也》中留下了这样的话："一箪食，一瓢饮，在陋巷，人不堪其忧，回也不改其乐。贤哉，回也！"孔子赞扬颜回是一个安贫乐道的人。

翻开我国的历史画卷，历经苦难成就事业的人物典范不胜枚举，这些名人之所以能取得巨大成就，与他们在艰苦环境中的磨砺是分不开的。放眼现实，我们又怎能丢掉吃苦耐劳的精神呢？世界杂交水稻之父、中国工程院院士袁隆平曾说："我培养研究生、博士生第一个条件是'你要下田，你怕下田、怕吃苦，我就不接收你'。"由此可见，成功的首要条件是吃苦，唯有敢于吃苦、能够吃苦才能够成功。历史和现实都证明了这是一条颠扑不破的真理。

正是由于儿时吃苦经历锤炼的坚韧品质，彭纪学才能够在70℃高温的蒸汽房里做干布工一干就是6个月，创造了工厂干布工工作最久的纪录；才会在不同岗位上认真工作，勤勤恳恳、兢兢业业，经受住职场奋斗的种种考验；才会为了研发新产品在铁皮房里耐着高温一待就是三两天，一步步走向今天的成功。正是由于曾经的苦难，二弟彭纪均才能够不怕脏、不怕累、不怕苦地在工厂里打扫卫生，一干就是六年。正是这六年的辛苦和劳累，使二弟积累了第一笔资金，为后来的创业打下了良好的经济基础。其实，翻开当今成功人士的资料，又有哪一位没有吃苦受罪的经历？娃哈哈集团董事长宗庆后曾骑三轮车到处送货、阿里巴巴创始人马云曾吃了8个月泡面、联想集团主席柳传志40岁还在摆地摊……所以从某种意义上讲，吃苦是福！当下，不少年轻人都渴望成功，但却总希望能够走捷径，轻轻松松地实现梦想。然而世上本没有捷径，踏踏实实才是成功的唯一通道。

人的生活总是多面的，苦中有乐、累中有甜。对于彭纪学姐弟而言，儿时的回忆中充满着贫穷、饥饿和寒冷，但也有温暖、幸福与快乐。

儿时，家里房屋狭小，不仅没有足够的房间供他们姐弟六人居住，甚至连张像样的床都没有。为了解决姐弟六人的睡觉问题，父亲就把一间小房子用木板隔成上下两层，彭纪学和两个弟弟睡在上层，三个姐姐就睡在下层。虽然空间狭小、床铺简陋，但却丝毫不影响他们快乐的心情。每到晚上，姐弟六人就挤在房间里，聊天说笑，不亦乐乎。当然姐弟之间并非一直都是和谐相处，他们有时候也会因为一些莫名其妙的生活小事就吵闹起来，无论快乐和吵闹，时至今日都已经成为他们最美好的回忆。当然，这种欢笑与吵闹是今天很多独生子女不能体会到的。

对于彭纪学兄弟姐妹来说，不仅不会感到孤独，而且自小一起长大让他们懂得相互包容、体谅和分享；不仅增进了彼此之间的亲情，锤炼了良好的人际交往能力，也留下了很多儿时美好的回忆。他们一起听父亲讲故事，一起挎着篮子打猪草，一起在松

第一篇
大别山的生活

软的田地里打滚翻跟斗，一起跟着大人干农活……尤其是共同的艰难生活，使他们姐弟之间形成了牢固的亲情关系，而这种关系也成为他们一步步走向成功的重要原因。

青年时期，彭纪学能够从大别山深处的农村走出来靠的是姐夫的带动，而在彭纪学创业初期的艰难时刻，放弃有着优厚待遇的工作无私帮助他的也是姐夫。彭纪学在工厂做工期间，卓有远见地给弟弟找了一份打扫卫生的工作，这一工作不仅解决了二弟一家人的生活问题，更是为他的创业积累了资金，而二弟也一直坚定地支持着彭纪学的事业。浓浓的亲情凝聚了创业的勇气和信心，也为他们的成功注入了巨大动力。与彭纪学姐弟聊天的人，都会被他们兄弟姐妹之间那种可以共患难亦可同发展的真挚亲情而感染。每当别人问起彭纪学姐弟："是什么把你们紧紧地凝聚在一起？"他们的回答都是："我们之间从来没刻意在做什么，只是曾经的共同生活和血浓于水的亲情把我们紧紧地联系在了一起，使我们不仅在困难时可以共同面对，在成就事业的过程中也可以彼此帮助。"朴实的话语，道出了亲情的真谛，因为有亲情就不需要刻意，但在细微之处却把亲情展现得淋漓尽致。

创业伊始，彭纪学缺人也缺少资金，姐夫和二弟什么都没说，就不求任何回报地加入了他的团队。在彭纪学所创立的日兴抛光材料公司走上正轨之后，彭纪学没有因为个人公司发展的需要而把姐夫和二弟留在身边，而是努力支持姐夫和二弟创业，帮助他们实现属于自己的创业梦。经过多年努力，如今姐弟各有属于自己的公司，人人事业顺利，个个家庭幸福。

曾经同吃苦、共患难，如今事业有成的他们依然紧紧地拧成一股绳，在资金上相互支持，在大的决策上共同协商，正可谓"兄弟同心，其利断金"，强大的家庭凝聚力使他们在创业的道路上充满着力量。闲暇时间，他们姐弟经常聚在一起聊天，每当谈到一路走来的经历，都会由衷地感慨："是姐夫把大家带出来，看到了外面的世界；是彭纪学带领大家打拼创业，一起富起来；如今兄弟共同努力，把事业做得强起来。"简短的话语，让我们深刻地感受到了他们之间唇齿相依的亲情，这对于看惯了可以共苦却不能同甘的兄弟创业故事的我们来说，不得不说是一种温暖和感动。

姐弟虽然都有了各自的企业，但他们在资金和技术上相互支持和配合，在重大决策和投资方向上共同商量。这是他们企业发展的重要保证，也是儿时亲情的自然延续。了解彭氏兄弟企业发展的历程，会被他们的坚持和努力感动，更会为他们没有因为利益分配影响手足亲情而感到欣慰。彭氏兄弟互帮互助的现实再次证明了：亲情不仅仅是自然的联系，还要用心经营，只有这样才能使血缘之情越来越浓。他们之间浓浓的亲情也与家庭的教育密不可分。

儿时，彭家虽然贫穷，甚至有时食不果腹，但和谐温暖的家庭氛围使他们感到快乐和幸福。那时的农村生活还遵循日出而作日落而息，白天父母亲和二奶奶去田间劳作，孩子们去学校上学，晚上吃完晚饭姐弟六人就围着父亲坐成一圈听他讲故事，身为老师的父亲总是有讲不完的孩子们爱听的故事。每当这个时候，母亲就坐在旁边一边缝制衣服一边附和着，二奶奶则满脸幸福地看着他们，尽享儿孙绕膝的天伦之乐。多年过去了，这种幸福而温馨的场景永远地定格在了他们的记忆深处。每当回忆起这一幕幕场景，彭纪学的眼光是柔和的、表情是幸福的。随着时间的沉淀，这种幸福必将像深藏的老酒一样历久弥香。时至今日，他们姐弟平时虽然忙于各自的事业，但只要有时间或者逢节假日，都会带着孩子一起聚会或者出游，他们聚在一起回忆曾经的生活，即便是苦难，在回忆里也变成了温暖和快乐。这种快乐也深深地影响着彭家的孩子们，他们享受着和睦大家庭带来的温馨和幸福。而在信息越来越发达的今天，这种幸福和快乐却是很多家庭难以体会到的。

　　根据德弗勒和洛基奇的媒体依赖理论，"一个人越依赖于通过使用媒介来满足需求，媒介在这个人生活中所扮演的角色越重要，因此媒介对这个人的影响力就越大。"人的时间和精力是有限的，对电子设备依赖越强，必然减少与家人的交流，时间一长，亲情自然淡化。所以在这个对电子产品产生的心理依赖越来越强烈的今天，人们越来越难体会到一家人聚在一起聊天说笑的快乐，感受不到那样纯粹和简单的幸福。而彭家在这种简单快乐的生活中，铸就了兄弟姐妹之间牢不可破的亲情。所以，放下手机，多享受亲人朋友之间的真实沟通，在这个信息化时代显得弥足珍贵。

童年是一个人性格和态度形成的重要时期。彭纪学姐弟的童年里有寒冷与饥饿,所以造就了他们坚韧和勤俭的品格;他们的童年里充满着幸福与快乐,所以培育了他们的真诚和情怀。

时光在流逝,年龄在增长,不知不觉中彭纪学姐弟一个个从童年时期走进了少年时代。

五、勇于担当的少年

假如童年时代简单而快乐的生活一直继续下去,也许彭纪学现在还在大别山里过着和祖辈们一样的生活,又或许成了家乡的一位致富能手,也或许成了一位国家公职人员……但是生活没有假如,1988年发生的一件事打破了彭家生活的平静和快乐,也由此改变了他们姐弟的生活轨迹,自然也改变了彭纪学的命运,使那些假如注定成为不可能。其实人生就是这样,往往一件事的发生就可以改变命运的方向,不管这件事是好还是坏。

"担当在一个人内心中发生,他的生存就有价值了。"一个十多岁的小小少年,本是在一个无忧无虑的、不知人生为何的懵懂年纪,但是一旦意识到自己所承担的责任,他的生存以及他的生命将会呈现出不同的状态,焕发出不同的光彩。

常言说:"天有不测风云,人有旦夕祸福。"没有经历过人生重大变故的人可能无法理解这句话的真正含义,而少年时代的彭纪学就切切实实地感受到了这句话所隐含的酸楚。1988年,彭

第一篇
大别山的生活

家年仅8岁的三弟被确诊为急性白血病。急性白血病是造血干细胞的恶性克隆性疾病，发病时骨髓中异常的原始细胞及幼稚细胞（白血病细胞）大量增殖，蓄积于骨髓和其他造血组织并抑制正常造血，广泛浸润肝、脾、淋巴结等脏器。表现为贫血、出血、感染和浸润等征象。作为血液病中的一种危重病症，即便在医学技术日益发达的今天，急性白血病都是一种严重危及生命的疾病，更何况在医学技术和条件都还比较落后的20世纪80年代。三弟的患病几乎使整个家庭到了崩溃的边缘，这种崩溃是心理的，也是经济的，巨额的医疗费对于本来就贫困的彭家来说无异于雪上加霜。三弟是家里最小的孩子，深得父母和姐姐哥哥们的疼爱，为了给弟弟治病以及减轻家庭负担，彭家三个姐姐早早嫁人，二弟小学就辍学到天津看护果园以赚取微薄的收入来补贴家里，作为家中长子的彭纪学则滞留家中一边上学一边陪伴生病的三弟。

虽然四处寻医问药，但是三弟的病情始终不见好转，父亲因压力过大而几乎绝望，十多岁的彭纪学一边安慰父母，一边想方设法增加家庭收入以贴补三弟治病的费用。但是对于一个十多岁的农村孩子来说，增加家庭收入的方法也只有种植和养殖。通过种植或者养殖增加家庭收入，用祖辈们世代相传的老方法自然是行不通的，所以彭纪学就必须想前人不敢想、做前人没有做的。正处在读书年纪的彭纪学从书籍中不断汲取知识的养分，争取用自己所学所想改变现状，其中一件事就是改良猪饲料的配方。经过一段时间的琢磨，他终于研究出了一种新的猪饲料配方，于是就建议父母按照配方配制饲料来养殖。但固执保守的父亲不相信年少的彭纪学能够研究出有效的猪饲料配方，所以坚决不接受他的建议，这时彭纪学就抱着最后的希望找到母亲。在彭家姐弟的印象里，母亲虽然没有上过学，但思想开明、乐于接受新事物，所以彭纪学坚定地认为母亲接受自己建议的可能性很大。果然不出彭纪学所料，母亲听了他的建议后，觉得很有道理，就决定按照他配制的饲料养殖猪。一段时间后，彭家的猪养得又肥又壮，自然就卖出了好价钱。就这样一传十，十传百，村里好多人都到彭家询问饲料配方。小小年纪的彭纪学用自己的聪明智慧帮助了家庭，也惠及乡邻。饲料配方的研究初见成效，不仅增加了彭家的家庭收入，也进一步激发了彭纪学研究的兴趣和信心。

任何人的成功都不是偶然的，彭纪学善于钻研的兴趣更是从小小年纪便开始了。常言说："兴趣是最好的老师"。做任何事情概莫能外，对于创业者而言，兴趣尤其重要。只有从自己喜欢的事情做起，才能一步步做大，才能一点点实现梦想，所以从某种意义上说，兴趣是成功的基石。现实中不少成功者的业绩往往就是从孩提时代的小小兴趣开始的，用成功的事实证明了兴趣是梦想的萌芽，是成功的保证。因为喜欢，你愿意投入更多的精力和时间；因为喜欢，你能够和甘心承受更多的风险；因为喜欢，你会有更多的动力和激情，所以成功的机会也会相应更大一些。当然对于绝大多数人来说，也许并没有特殊的兴趣爱好，但这不

第一篇
大别山的生活

影响你追逐成功的脚步，只要你愿意努力，就可以收获成功的喜悦。

经过用心研究，有了新的配方饲料，彭家扩大了养猪的规模，从三五头到十多头，随着养猪规模的不断扩大，彭家的经济状况逐渐好转，甚至当时还较早地在村里建起了砖瓦房。饲料配方的成功改良不仅改善了彭家的经济条件，更是激励着彭纪学进行更多的研究，紧接着他又把研究的方向从养殖转移到了种植。

种植什么呢？彭纪学没有研究小麦、玉米、大豆、高粱等普通的农作物，而是从蔬菜入手。他研究的不是夏天如何种植蔬菜，而是在寒冷的冬天怎么种植出新鲜的蔬菜。之所以要研究冬天蔬菜的种植问题，这和当时大别山深处人们的生活密不可分。每到冬天来临，由于天气寒冷，大别山区种植的各种蔬菜都无法存活。由于没有新鲜的蔬菜可以食用，整个冬天人们只能靠咸菜来下饭。千百年来大别山区的祖辈们就是这样生活的，当生活已经成为习惯时，保守而传统的人们不会想也不敢想在冰天雪地的寒冬中可以种蔬菜。

在自然界中，成功均属于勇于挑战的人，唯有挑战才能获得成功。彭纪学就是一个善于挑战和勇于挑战的人，他敢于想别人不敢想，勇于做别人不敢做。在决定进行种植后，他开始查阅书籍。通过深入全面了解多种蔬菜的习性，彭纪学认为菠菜和香菜可以耐得了严寒，挺得过冬天，应该是可以在冬天种植的蔬菜。虽然身边几乎没有人愿意相信他，但执着的他仍然果断决定尝试种植菠菜和香菜。

　　一个人能够成功，不仅得益于他善于思考，更得益于他勇于实践。1989年秋收过后，彭纪学决定利用家里闲置的打麦场种植菠菜和香菜，他松地、施肥，经过一番精耕细作之后，把从集市上买来的菠菜和香菜种子均匀地撒到了松软肥沃的土地里。本来只是尝试，没想到挨过严寒的冬天，菠菜和香菜长势喜人，大获丰收。彭纪学把收获的菠菜和香菜挑到市场上出售，所得收入不仅足够他一年的学费和生活费，而且还在寒冷的冬天里为半个村的人提供了新鲜的蔬菜，改变了村里人们冬天只吃咸菜的历史。

　　小小年纪的彭纪学居然在冬天种植出了新鲜蔬菜，这件事不仅使他在村里成了名人，也使他明白一个道理：对待任何事情，不仅需要想，更需要做，只有勇于尝试才能品尝到成功的喜悦。正是这样的经历，在后来创业的过程中一直启发和激励着彭纪学。而这一点，恰恰是当下很多年轻人所缺乏的。现在，不少年轻人有很多的想法，开口闭口都是做大事，但是当落实到具体工作上的时候，心态往往是浮躁的，总是很难做到知行合一。一个人应该有梦想，而且最好有大梦想，但是只想不行，还必须要做，只有这样才知道行不行。这就像2015年热播的电影《战狼》中的一句台词："行不行，搞一下不就知道了。"朴实的话语道出了深刻的道理，任何想法只有付诸实践才有意义。

　　彭纪学少年时期种植菠菜和香菜的成功不仅验证了书上知识的科学性，也改变了一向固执的父亲对他的态度。从此以后，只

第一篇
大别山的生活

要他提出有关养殖和种植的建议，家人都愿意尝试着去做，正是因为这一点，20世纪80年代彭家在致富的道路上比别人快了一步。

在家人的共同努力下，彭家的生活状况有了一定好转，但是三弟的病却终不见好转，虽然已经竭尽全力，但在与病魔坚强抗争了四年后，三弟永远离开了家人，这也成为彭家父母和姐弟心中永远的痛。直至今日，夜深人静时，彭纪学时常会想起已经远去的三弟。在他的脑海里无数次浮现出这样的问题：如果三弟还在，会做什么职业？会有怎样的生活？如果三弟还在，姐弟六人聚在一起像小时候那样聊天说笑，这样的画面该是多么幸福美好……但是现实无法改变，生活没有假如，三弟已去，也许努力创造更好的生活就是家人对三弟最好的怀念。

常言说："人生不如意十有八九"，每个人都希望生活幸福、事事顺利，但挫折、失败却在所难免，悲观失望的人面对失意会悲痛欲绝，而勇敢坚强的人则会努力从失意中走出来，并变得更加强大。就此而言，彭家姐弟属于后者，经历过此次家庭的巨大变故，他们更加珍惜生命和身边的人，能够以更勇敢的心态面对生活和挫折，也能够更坦然地接受一切辛苦劳累。所以，在创业的艰难历程中，不管面对怎样的失败和困难，他们都没有屈服妥协过。是生活给了他们机会，是经历给了他们勇气，是坚持给了他们成功。时下，年轻人创业也应该具有这样的勇气和坚持，因为创业的路上没有一帆风顺，一定要有足够的承压能力，才能在困难中走下去，才能最终拥抱成功。

三弟去世后，彭家人相互宽慰着从痛苦中渐渐走了出来。此时，彭纪学正在读初三，为了给遭受重创的家庭注入力量和喜悦，他全力以赴地准备中考，希望能够如愿以偿地考取中专，拥有一个"铁饭碗"。因为在那个时代，拥有"铁饭碗"是很多孩子，尤其是农村孩子最大的梦想。同时，他也希望通过个人的学业有成使家人尽快从失去亲人的伤感中振作起来。然而，很多时候，事情不会沿着预想发展。彭纪学满怀信心全力以赴地冲刺中考，而结果却不尽如人意，他中考失败了。

六、中考梦碎

常言说："上帝是公平的，他在关闭一扇门的同时，也打开了一扇窗。"这是一种为人处世的哲学，也是一种对待人生的态度。人生不会是一帆风顺的，但是只要以"山重水复疑无路，柳暗花明又一村"的积极乐观的态度去面对，并全力以赴去解决问题，就会走出阴霾，创造美好未来。彭纪学中考失利远走他乡务工从而创业成功的事实就充分证明了这一点。

1990年，彭纪学参加了中考，志愿填报的是中专。为什么一直希望光耀门楣拥有"铁饭碗"的他要报考中专却没有报考大学呢？理解他的这个选择就必须了解那个时代。二十世纪八九十年代，对于我国而言是一个经济刚刚起步的时期。那时的农村，万元户鲜有耳闻，楼房更是鹤立鸡群。在那个城乡差别显著的时代

第一篇
大别山的生活

背景下，能转上城镇户口，吃上国家统一分配的粮油，再有一个稳定的工作，是农村孩子最大的心愿。所以那时的农村户籍初中生毕业时，所报考的第一志愿大多都是中专。因为只要考上了中专，所有的心愿都可以变成现实——农村户口转为了城镇户口，毕业后国家包分配工作。对农村孩子来说，能考上中专就意味着跳过了龙门，自小在农村长大的彭纪学自然也想搭上这趟车，自此走出农村。

背负着家庭的希望，承载着个人的梦想，彭纪学全力以赴投入到中考备考之中。他每天天不亮就起床背语文、英语、政治、历史，每天晚上在昏暗的冒着黑烟的煤油灯下，做数学、化学、物理，由于煤油灯的烟雾比较浓，每天晚上他的脸都被熏得黑乎乎的，但是为了梦想，眼前的艰难困苦都算不上什么。

忙碌的日子总是过得很快，不知不觉就到了中考的日子。虽然已经很努力地进行了复习备考，但走进考场的彭纪学内心充满了忐忑。为期两天的考试就在紧张忐忑中匆忙而过，他接下来又陷入了等待考试成绩的焦虑之中，满怀希望又充满焦虑，等待着等待着……中考成绩总算下来了，但是结果并不理想，彭纪学中考失利。

期望有多高，失望就有多大。考学失利使彭纪学内心痛苦至极，但他又不想父母看到自己伤心难过，于是便一个人偷偷跑到村外的玉米地里痛痛快快地大哭了一场。考学失利使年少的他不知道自己的路在何方，内心充满了严重的挫败感和失落感。中考失利伤心的不仅仅是彭纪学,还有对他寄予厚望的彭家父母。虽然对于考试结果,彭家父母也很失落,但看到儿子伤心难过,他们只能尽力掩藏自己的情绪,努力劝慰和鼓励儿子。母亲找到彭纪学谈话并安慰说:"三百六十行,行行出状元。虽然没有考上学,但是可以走其他的路,只要踏实肯干、勤奋努力,一定会有出路的。"母亲的话给了失败中的彭纪学巨大的勇气和希望,也给了他出去闯的动力。时至今日,回顾自己的成长,彭纪学一直认为留下了太多母亲教育和引导的痕迹,也充分证明了母亲对于孩子成长的重要性。

中考失利在家沉闷几个月后,他在母亲的鼓励和支持下,于1991年11月15日带着对美好明天的憧憬,怀着对未来的志忐,带着从二姐和老师那里借来的120元钱,走出了熟悉的大别山区,南下广东走上了异地他乡的打工之路。15岁的他背井离乡,从此,彭纪学的生活开启了崭新的一页。"上帝为你关上一扇门,必然为你打开一扇窗",中考失利失去的是跳出农村的机会,但即将迎来的必将是一片更广阔的天地。

如今彭纪学已是人到中年,回首当初的选择,感慨良多。他有几分无奈,生活的现实没有给予他更多的选择机会;有几分欣慰,没有考上中专,从而走向了一个更大的人生舞台;有几分执着,既然是自己选择的路就一定要走下去,无论面对多少艰辛,都无怨无悔。

挫折对于弱者是绊脚石,对于强者则是垫脚石。面对失败的

第一篇
大别山的生活

中考，彭纪学用事实证明了自己是一个强者。所有的强者都有一个共同的特征：越挫越勇的坚强和不屈不挠的意志。带着中考失利的伤感，怀着改变命运的希望，彭纪学走出了大山，来到了梦想开始的地方——广东虎门。

第二篇
初到梦想开始的地方

1991年11月,彭纪学带着借来的120元,怀揣着梦想来到改革开放前沿的广东虎门。为了有栖身之所,他义务看护过鱼塘与果园;为了有一份稳定的工作,他在温度高达70℃的干布房里当过干布工;为了在工厂站稳脚跟,他从零开始学习粤语;为了可以在追梦的路上越走越远,他利用业余时间自学获得了电大文凭……成长的道路从来都不是一帆风顺的,但是只要不怕困难、努力进取,人生的道路一定会越来越宽广,距离梦想也就会越来越近。

第一章 虎门印象

1991年的大别山区依然贫穷落后，人们仍然过着日出而作日落而息的传统生活。可作为改革开放前沿的广东已经呈现出一片欣欣向荣的景象。借助改革开放的春风，广东人的生活发生了很大的变化。在国家改革开放政策的吸引下，很多外资企业、台资企业、港资企业落户广东，尤其是珠江三角洲，成为企业和外来务工人员的聚集区。彭纪学南下务工的目的地就是处在珠江三角洲的东莞虎门。

被誉为"天下第一镇"的虎门，相传老虎因袭击龙王的女儿而被龙王锁在江中，成了横卧珠江的两座山岛，后人称其为大小虎山。大小虎山横卧江上，恰似两个看门的卫士，虎门便因此而得名。神话故事无从考证，但是虎门的名称却形象地描绘出了虎门这座城镇地理位置的特点。虎门，珠江水系各干流流入南海的八大入海口之一，位于广东省东莞市沙角，独特的地理位置使其成为我国贸易的重要港口和对外开放的重要窗口。

第二篇
初到梦想开始的地方

从改革开放以来率先引进外资，到20世纪90年代初大力实施"服装兴镇"，虎门经济得以不断发展。虎门的服装业有了一定规模，相关产业也有了一定的发展，所以众多的外来务工人员来到虎门创业和就业，彭纪学的姐夫就是众多外来务工人员中的一个。由于姐夫已经在虎门务工多年，比较熟悉这里的环境，所以中考失利的彭纪学外出务工的目的地就选在了虎门。

1991年11月，彭纪学带着从老师和二姐那里借来的120元，怀揣着梦想来到了改革开放前沿的广东虎门，外出务工的生活开始了，生命的转折也由此开始。

第二章 义务看护鱼塘

到广东之前,彭纪学从他人口中听到的广东似乎到处都是机会,所以他一开始就梦想着可以找到一份稳定的工作,可以有固定的收入。但是到广东后由于语言的不通、地域的差异,他才发现找到一份工作,尤其是一份称心如意的工作并不容易。

在劳务市场以及多个工厂跑了几天后,年龄小、没有学历也没有一技之长的彭纪学没有找到任何工作。没有工作便没有收入,但是吃饭和住宿都要花钱,一天、两天、三天……眼看着离家时随身携带的120元钱越来越少,他不仅将无饭可食,也将无处安身。就在彭纪学几乎对找到工作不再抱有希望时,有人给他介绍了一个"工作"——虎门树田村义务替村民看护鱼塘和果园。虽然有了工作,算是有事可做了,但是却没有报酬,这份工作只是为彭纪学提供了一个鱼塘边的棚屋作为住处,但毕竟使居无定所、囊中羞涩的彭纪学有了栖身之所,所以他满心欢喜地接受了

第二篇
初到梦想开始的地方

看护鱼塘的活儿。彭纪学南下务工的第一份工作就这样开始了。

由于鱼塘和果园都在野外,没有炉灶,住的是窝棚,吃的是方便面。当时尚在冬天,虽然南方的冬天不像北方大雪纷飞,但也颇为寒冷。尤其是简易的窝棚四处透风,一到晚上凉风飕飕,彭纪学生活的艰苦可想而知。但是向来做事认真、忠厚踏实的他兢兢业业地看护着果园和鱼塘,从来都不会偷懒。身边的村民看到一个十几岁的孩子如此勤快肯干,也是打心眼里喜欢。尤其是看到他总是吃泡面的时候,一些善良热心的村民就送来了米和面。有了乡亲送来的米面,彭纪学便在池塘边搭了一个简易的锅台烧火煮粥,终于得以吃上了热乎乎的饭。

看管鱼塘与果园的这段日子虽然过得辛苦,也没有工钱,但毕竟有了一个栖身之所,也不再饿肚子了,所以彭纪学心存感激,也非常珍惜。他无视窘境,勤恳积极地忙活着,在生活中实现着从底层创造奇迹的梦想。正可谓"山重水复疑无路,柳暗花明又一村",看护鱼塘一段时候后,在布料厂工作的姐夫把他介绍到布料厂,彭纪学从看护鱼塘的第一份工作中走了出来,开启了工厂生活的人生新阶段。

多年之后,彭纪学每次讲到自己的经历,都会对看护鱼塘的生活进行一番描述。不仅因为这是他做的第一份工作,更重要的是这份工作给了他在虎门留下来的机会。所以看护鱼塘于他而言,不仅仅是一份工作,更是一份希望。

第三章 最好的员工

从看护鱼塘到进工厂做工,变化的不仅是工作地点和工作内容,对彭纪学而言变化的更是对未来生活的态度和对梦想追逐的信心。

彭纪学所进的工厂是一家港资企业——布料厂。初到工厂的他,没有学历和技术,自然要从最累最辛苦的活儿做起。在工厂里彭纪学最开始做的就是别人都不愿意干而又对技术要求不高的干布工。干布工的工作就是在一个封闭高温的房间把布料蒸干。之所以干布工的工作人们都不愿意干,不仅是因为活儿累,更重要的是工作环境恶劣。由于干布车间封闭,又有蒸汽,蒸汽室内温度通常高达70~80℃,很少有人能够忍受这样恶劣的高温环境,所以几乎没有人能够在这个车间工作超过3个月。因此干布车间的工人是流动最频繁的,这或许也是彭纪学初到工厂就被安排进干布车间的重要原因。干布车间环境高温、工作强度大,但

第二篇
初到梦想开始的地方

让所有人都没有想到的是，彭纪学居然在干布车间里任劳任怨、踏踏实实地一干就是半年，从而创造了干布车间工作时间最长的纪录。

通常情况下，一个人能够成功不是看他做了多少，而是看他做了什么；不是看他取得了什么成就，而是看他如何面对生活。面对生活的不同态度决定了人生不同的结果。阿里巴巴集团创始人马云曾经说过这样一句话："这个世界上最痛苦的就是坚持，最快乐的也是坚持。"马云用一句话表明了自己的人生态度，也体现了自己超乎常人的心境。正因为马云不惧困难、不惧失败，始终坚持且快乐地坚持下去，才从困境中杀出重围。实践也证明，但凡取得成功之人无一不是在困难中坚持，在绝处中逢生。正是由于彭纪学能够吃苦耐劳，又认真负责、踏踏实实，他得到了车间主任的认可与赏识，很快就从干布车间调到了包装车间，具体工作是负责在包装好的布料上打批号。由于布料要运往香港，所以批号上必须写有英文。为了不出差错，彭纪学在初中英语的基础上想办法自学。由于白天都是在工厂工作，学习时间非常有限，为了尽快具备满足工作岗位所需的英语水平，他专门买了一本英文词典随身携带，工作间隙一有时间就拿出词典记单词，而且每当看到包装上有不认识的单词，就立即进行查阅，长年累月的不懈努力使彭纪学的英语水平有了很大提升，他不仅熟练掌握了批号上所有的英文，而且实现了包装批号零差错，这在这家工厂的历史上是从来没有的。而在创造包装批号零差错的背后，是彭纪学无数个夜晚的辛苦自学，背单词、听录音，一遍遍、一本本。功夫不负有心人，彭纪学的英语水平不仅可以满足工作的需要，而且他还在2013年通过了全国英语三级统考，并获得国家颁发的英语三级证书。取得这样的成绩是他努力的结果，也是对他努力的最好证明。

前所未有的包装批号上的零差错现象，引起了工厂合作伙伴——一位香港老板的关注。细心而又好奇的香港老板希望知道这现象背后的原因，于是就和布料工厂进行了沟通。得知具体情况后，香港老板与布料厂老板果断地判定彭纪学是可以培养的人才。工厂老板开明而乐于接受建议，于是便把彭纪学从包装车间调到了电控室，具体工作就是操控电脑。当时在布料厂，操控电脑可是最好的工种，足见工厂老板对于他的信任。工作岗位在变化，但是他认真工作的态度却没有变。调到电控室后，彭纪学依然是工作认真负责、任劳任怨，从而赢得了电控室主任的赏识，很快被推荐为领班。短短时间内，彭纪学的接连提升说明了有付出就会有收获。

回顾那段时间的工作，岗位在不断转换，职位在不断提升，工资在不断增长，对此也许有不少人认为是彭纪学机遇太好，而且总能够遇到伯乐。当然，一个人的成功离不开机遇，也需要有伯乐，但有为方能有位，要在激烈的职场竞争中脱颖而出不仅需要机遇，更需要勤奋和努力、踏实和肯干、表现与业绩。克莱斯勒总裁艾柯卡曾经是福特公司的职工，他是一个勤快的人，做事认真而且能坚持到底。他的同事们时常取笑他，认为他又不是老板，根本没有必要那么认真。同事们常常在工作间隙打牌，要么就是借上厕所的空当偷懒，要么就是找各种借口提前下班。而艾柯卡每次都是勤勤快快上班，每天都坚持到下班时间，他在福特公司就这样任劳任怨、勤勤恳恳地干了几年，结果职位越升越高，后来做到了公司副总裁的位置，而当初那些偷懒耍滑的同事依然还在车间里干着粗活。艾柯卡从一个普通员工到公司副总裁，他能够被提拔重用不是因为机遇好，而是因为兢兢业业、踏踏实实地工作，可以为公司创造更大的价值。彭纪学也是这样，不管在哪个岗位上，也不管在什么境遇下，他都认真负责、勤勤恳恳、老老实实，从而赢得了尊重和信任，自然被提拔和任用，这一点值得当下很多年轻人学习和借鉴。

这个社会不缺乏灵活聪明之人，却亟需踏实肯干的"老实人"，这样的人更容易得到赏识和信任，也会有更好的发展和前景。当然这种"老实"不仅体现在工作中，还体现在与人交往中。每一次与彭纪学交往，人们都会被他的真诚、热情和朴实打动。这些优良的品质深深地融入他的骨髓和血液，成为他最为鲜明的个人特质。如今彭纪学事业有成，但在他的身上看不到任何的"富豪"积习，他的衣食住行、言谈举止都散发着大别山区赋予他的真诚、热情、善良和朴实。

第四章 提职受挫

人的一生如果没有遇到挫折，就不会品尝到酸甜苦辣的滋味，也不会体会到成功的喜悦与幸福。面对挫折，有的人选择逃避现实、消极厌世，在他们眼里，挫折是灰色的。而有的人却选择勇敢面对，战胜挫折、化危为机，改变了挫折的色彩。所以从一定意义上说，挫折是弱者的绊脚石，是强者的垫脚石。毫无疑问，彭纪学属于后者。

从彭纪学进入工厂后，他兢兢业业、认真负责，得到同事和领导的认可赏识，不断得以提升，可谓是顺风顺水。但人生不可能总是一帆风顺，对于彭纪学来说，职场上的第一次挫折是晋升领班受挫。

1993年，因工作表现突出，彭纪学被推荐做领班，对于一位正处在需要不断被认可的阶段的年轻人来说，被推荐做领班使他的内心充满了期待，也对未来充满了憧憬。由于各方面表现都很

第二篇
初到梦想开始的地方

优秀，也得到了老板的认可和赏识，对做领班信心百倍的彭纪学认为这次晋升是板上钉钉的事儿，没想到被上报到香港董事会后却没有通过，原因不是他平时工作做得不好，也不是能力不强，而是他不会说粤语。现实中能够成为职务晋升障碍的因素有很多，但因为不会说粤语而不被提升实为意外。尽管如此，彭纪学还是接受了这个现实。面对提升受挫，他没有怨天尤人，也没有消极失望，而是努力地从这件事中吸取教训，并决定从哪儿摔倒就从哪儿爬起来。于是他决定拜师学粤语，为此他经常主动找会说粤语的同事，虚心请教和学习，哪怕发音还不够标准，他也坚持用粤语和同事交流。功夫不负有心人，经过一段时间的学习和练习，他终于可以流利地用粤语交流了，消除了在虎门工作的语言障碍。经过这件事，也使彭纪学深刻认识到：要在竞争激烈的珠三角站稳脚跟，只有初中文凭显然不行，必须要不断学习，全方位提升自己。

一个成功者不仅善于思考，还要具有很强的执行力。既然已经认识到了自己的短板，彭纪学决定利用业余时间进行学习。对于此时的彭纪学而言，不仅要学习知识、提升能力，还要让别人知道他通过学习收获了知识、提升了能力，怎样才能实现这一点呢？在学历文凭作为敲门砖的时代，拿个文凭自然是必需的，为此彭纪学经过多方询问和认真思考，1993年他决定报考中央电大。

"电大"即中央广播电视大学以及地方各级广播电视大学的

简称,"电大"是以广播、电视、计算机网络等现代传媒技术实施高等教育的大学,毕业后由中央广播电视大学统一颁发毕业证书。这种教育形式是改革开放以来,为了满足社会需求,而为那些高考落榜或因为其他种种原因丧失学习机会的社会人员和需要提高学历层次的在职人员,提供的一种可以脱产也可以半工半读或者业余学习的一种形式。这种形式的学习可以不用脱产,所以比较适合当时还需要坚持上班的彭纪学。既然是上学,自然需要花费一定的时间进行学习。由于彭纪学白天要工作,只能利用晚上的时间看书学习,所以在读"电大"的那几年,他一下班就赶紧回到宿舍,一头扎进屋里开始学习。为了最大程度上保证学习时间,同在一个工厂务工的彭家二弟几乎包揽了所有能够为彭纪学做的事情,从工作到生活,只要二弟可以做的,都不让彭纪学操心和动手,目的只有一个:把所有可以利用的时间都用来学习。

有了二弟的大力支持,彭纪学可以更好地安心学习。功夫不负有心人,经过两年半的认真学习,1995年彭纪学顺利拿到了"电大"颁发的行政管理专业的大专毕业证。虽然学历不等于能力,但是大专毕业证对于彭纪学而言就是一块敲门砖,带给了他更多的机会,这也许正应验了古人所说的一句话:"书中自有黄金屋,书中自有颜如玉。"

他不仅利用业余时间参加电大的学习,而且还参加了高等教育自学考试。繁忙工作之余,无论炎热酷暑还是寒冷隆冬,他都风雨无阻地坚持听讲,并认真做好学习笔记。梅花香自苦寒来,经过5年的努力,他先后获得自学考试的大专和本科毕业证书,并获得了学士学位(见图2-1)。

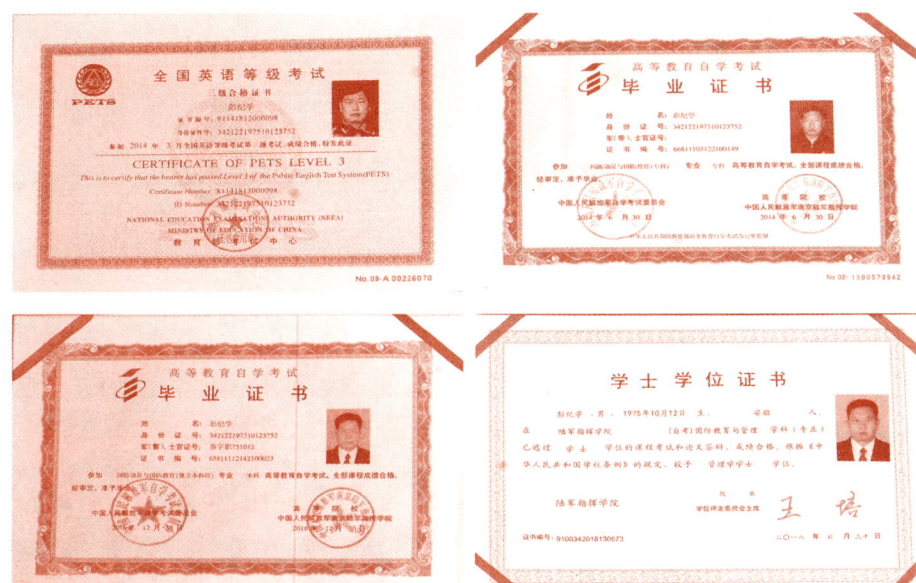

图 2-1　彭纪学英语等级证书、大专与本科毕业证书、学士学位证书

自此,彭纪学因晋升领班受挫所激发的学习动力有了最好的结果——取得了梦寐以求的文凭,学到了丰富的知识,再加上他认真、负责、诚恳和善于思考,等待他的必将是更加美好的未来。

第五章 晋升新职位

有了文凭，彭纪学在工作上就有了更多的选择机会。1995年，彭纪学顺利应聘到一家台资公司任职，求职道路上新的一页就此掀开。

取得了大专文凭、进入了一家大公司，本以为距离梦想也越来越近，但出乎意料的是公司给彭纪学安排的工作既不是在车间当工人，也不是在办公室做管理，而是在工厂里打扫卫生，"理想很丰满现实很骨感"应该最能形容他当时的心情。虽然现实与理想相差甚远，但彭纪学没有抱怨和退却，而是像从前一样认认真真地把各项任务都完成得很好，并用《孟子》中的一句话来安慰和勉励自己："天将降大任于斯人也，必先苦其心志，劳其筋骨，饿其体肤，空乏其身，行拂乱其所为，所以动心忍性，曾益其所不能。"付出总有回报，由于工作成效良好，他很快就被安排进了生产车间，紧接着当上了统计员、厂长助理、公司总务处

第二篇
初到梦想开始的地方

人员、报关员、采购员再到最后的总务。

机会总是青睐于有准备的人，彭纪学职位的接连晋升绝非偶然。他一以贯之地认真对待各项工作，并尽力做到最好，不管在哪个工作岗位上，他都不断创新工作方法，从而极大地提高了工作效率。彭纪学的认真执着和善于思考深得老板的赏识，在他还是一名车间工人的时候，老板每一次出国前都会郑重其事地告诉他："工厂在生产中有什么需要，一定要及时通知我，以便我在国外及时采购。"从这件事中，可见老板对彭纪学的尊重和信任，能够赢得老板如此尊重和信任的员工怎会不得到重用呢？所以任何一个人的成功都不是偶然，而是长期努力付出的结果。时下，不少年轻人也有自己的梦想，但却总是希望能够通过捷径实现梦想，其实世上并没有通向成功的捷径，只有努力付出才会实现梦想。

在短短几年时间内，彭纪学便被提拔为厂长助理，先后负责报关、采购、数量管控等重要工作。由于所负责的工作项目频繁变动，彭纪学必须不断适应不同的岗位，学习不同的知识，所以工作压力特别大。对此，也许不少人无法理解老板为何要这么做，甚至彭纪学当时也不理解老板的做法。但是向来认真负责的他即便不理解仍然坚持不懈怠、不偷懒、不抱怨，总是兢兢业业地把各项工作都做得有声有色。多年之后，已经和老板成为好朋友的彭纪学方知老板当年的良苦用心，那就是希望通过不同岗位的磨炼，全面提升彭纪学的能力素质。彭纪学的这段经历使我们明白一个道理，那就是经历就是财富，这也应验了一句名言，"经验和毅力，是成功的双足"。然而，在那段看似顺风顺水的日子里，也并非没有挫折。

彭纪学在负责工厂采购工作期间，厂里一位台湾籍的经理向他推荐了一位来自台湾的供货商，并希望彭纪学能够从那位供货商处采购材料。彭纪学没有简单地碍于面子接受那位经理的建议，只是答应对不同供货商的材料进行对比后再做决定。经过认真的比较，彭纪学发现台湾供货商提供的材料不仅价高，而且质量也不够好。站在公司利益的角度，他断然拒绝采购台湾供货商的产品。本以为事情到此为止了，但没想到那位台湾供货商多次邀请彭纪学去吃饭。为了避嫌，他本不愿去，但在对方多次诚意邀请并明确表示还有更好产品的情况下，抱着能够看到好产品的希望去赴了宴，但结果却是只吃饭没有看到产品，一向做事认真负责的彭纪学自然不会置公司利益于不顾而采购其产品。他虽然感觉这饭吃得有点不舒服，但却没想到这是一次鸿门宴。台湾籍经理一直嫉妒老板对彭纪学的信任，但却一直没有机会把嫉妒之心付诸行动。这次彭纪学接受台湾供货商的邀请赴宴，那位经理自认抓到了把柄，就向老板告发彭纪学不仅接受供货商的宴请，还收了1000元的红包。和供应商一起吃饭已是不妥，如果还接受供应商红包就违反了工厂规定，必然要接受处罚。由于事关重大，老板没有单方面听信那位经理的话，为了全面了解清楚事情的真实情况，老板进一步询问了台湾供货商。在被问到是否给予

第二篇
初到梦想开始的地方

彭纪学红包时，台湾供货商支支吾吾，既没有承认也没有否认老板提出的问题。由于求证供应商无果，老板以事实不清为由做出暂时扣押彭纪学1000元工资一直到其离职的决定，从而平息了事端。红包事件以扣押彭纪学的工资而结束，自此大家都没有再提这件事情。没有收取红包的彭纪学虽然心有委屈，但也坦然接受了这一处理决定，并仍然认真负责地做好老板交代的每一份工作，因为他一直坚信清者自清。随着时间的推移，这件事渐渐地被遗忘，一切又归于平静。当然，平静并不是事件的最终结果，直至后来彭纪学辞职离开公司时，老板的一句"是金子总会发光的"，才使彭纪学明白原来老板一直不相信他收受红包，只是为了平息事端才暂扣1000元工资。正是这种绝对的信任和难得的知遇之恩，使彭纪学和老板成为生活中的好朋友和生意场上的好伙伴。事已至此，真相大白，事实证明了彭纪学的清白。事情的最后发展也证明了另外一句俗语——搬起石头砸自己的脚。因为红包事件不仅没有如那位台湾籍经理所愿影响彭纪学在公司的发展，也没有影响老板对彭纪学的信任，反倒是那位经理，后来因为赌博挪用了本该发给工人的工资而被开除。

回顾整个事件，彭纪学没有因此事受到负面影响，甚至还赢得了更多的信任和尊重，这绝不是侥幸，而是他一直以来本分做人、踏实做事的现实回报。与彭纪学接触过程中，他多次提到自己能够处处遇到贵人相助，进而能够一步步走向成功，不是因为自己有多么聪明，而是因为自己一直秉承这样的做人做事原则：

"我处处为他人着想，他人处处为我着想。"朴实的话语却隐含着深刻的道理，那就是诚实做人、踏实做事。而这确实是彭纪学留给我们最深刻的印象。正如英国作家罗斯金所言："为别人尽最大的力量，最后就是为自己尽最大的力量。"彭纪学不管在哪个岗位、做哪份工作，都尽其所能、任劳任怨，他所有的付出也为自己积蓄了最大的能量，进而铸就了走向成功的一个个台阶，实现了一个个梦想。

有人说"青春的梦想是未来真实的投影"，这句话生动地说明了有什么样的梦想就会有什么样的未来。当初，彭纪学怀揣着梦想从大别山区来到了改革开放前沿的珠三角，经过多年努力，有了一份体面的工作和稳定的收入。如今，经过多个岗位的历练，彭纪学的梦想已经不再是当初刚离家时的吃饱穿暖，而是要寻求更大的突破和发展，彭纪学的创业之路由此拉开了序幕。

第三篇
奋勇追逐创业梦

"谁被逼近了墙角，谁就会有出奇的想象。"我确认这是一条真理。随着时间的推移，彭纪学经过多个岗位的历练，积累了丰富工作经验的他开始尝试创业。从投资少、风险小、收益快的水果店，到服务工人的洗衣房；从生产打磨家具的砂纸到美甲抛光材料……他经历过小获收益的喜悦，品尝过无果而终的艰辛；有过孤独无助的挣扎，享过协力互助的幸福；饱尝过不分昼夜进行实验的煎熬，沐浴过斩获多个荣誉的光芒……执着的坚持，守护着梦想，总有一天你会为自己喝彩！

第一章 开启创业新篇章

一、小试牛刀

创业的决心已定,彭纪学便开始寻找合适的项目。经过认真考察,他发现树田村商业虽然已经很繁荣,但却没有一家专门的水果店,村民及工友们吃水果都要走很远的路到市场去买,非常不方便。于是他就萌生了开一家水果店的念头,心想着如果在村民聚居区开家水果店,会极大地便利村民,一定会有不错的效益,且开水果店投资少、风险小,很适合初次创业者,是个不错的创业项目。主意已定,他开始忙着租房子、找货源,很快水果店就开张了。正如当初预想的一样,水果店方便了村民的生活,一开张便顾客盈门。小小的水果店虽然只有2000元的投资,看上去也不起眼,但每月都有几万元的收益,这在20世纪90年代,可是个不小的收入。水果店良好的效益不仅改善了彭纪学一家人的生活,也让他初次尝到了创业的甜头,并积累了最初的创业经验——创业的项目不论大小，适合自己的才是最好的！现实中不少成功者的创业经历也证明了这一点。

有人曾经问股神巴菲特，到底什么样的工作才是最赚钱的？巴菲特没有直接回答这个问题，而是给出了这样一番话："对于盖茨来说，搞软件最挣钱；对于斯利姆来说，电信是个挣钱的好项目；当然对于我来说，还是炒股最能赚钱。"其实巴菲特说的几个人物正是当年世界上排名前三的富翁，他们的工作自然也被称为是最赚钱的项目，可事实是这个世界上并没有什么项目是最赚钱的，如果非要给出一个答案，那么对于任何一个人来说，最适合自己的往往就是最赚钱的工作。

"适合自己的才是最好的。"这是老生常谈的一句话，但事实上很多人未必能够想明白这句话真正的含义。如：有的人认为房地产最赚钱，就把自己的全部资金投入到房地产中去；有的人认为股市最赚钱，就把所有的钱都投到股市中去。结果可能是你并没有赚到钱，甚至还有可能因此搭上本钱，原因可能是你不具备这方面的投资眼光，也可能是你对相关的业务一窍不通。每个人都有自己的设想，也有自己的目标，但是无论什么时候，我们都要做最适合自己的事。所谓最适合自己的事就是符合你的基本情况，符合你的个性，这样做起来才会得心应手，才会有更大的成功机会。回顾彭纪学的每一次创业，他都是根据个人情况，选择最适合自己的项目去做，从而一步步走向了事业的巅峰。

首次创业开设的水果店小获收益，鼓励了彭纪学创业的信心和勇气，也使周围的人看到了商机。由于水果店投资少见效快，也没有技术含量，所以很快水果店就雨后春笋般地出现在树田村的大街小巷。树田村的消费群体是既定的，水果店数量的急速增加更加方便了人们的生活，但也极大地降低了水果店的效益，使营业额急剧下降。此时，具有商业敏感性的彭纪学意识到，水果店不能再经营下去了，于是他果断地决定开辟新的项目。

虽然小试牛刀开水果店有了一定的收益，但是重新选择项目仍然需要认真考察。经过一段时间的考察和思考，彭纪学认为在工厂开设洗衣店应该可行，原因是工人平时工作都很忙，根本没有时间和精力洗衣服，加上工人工资待遇还不错，如果在工厂开设洗衣店应该很受工人们的欢迎，有顾客自然就不怕没有效益，所以在工厂里开个洗衣店应该是个好项目。一旦认定的事，就要尽快实施，否则就会错过良机，这是彭纪学的做事风格。有了这个想法后，彭纪学就找到工厂老板商议此事，最后双方达成一致：场地、水、电由公司提供，洗衣设备等由彭纪学他们投资。很快，洗衣店就开张了，只是由于当时彭纪学还在工厂任职，为了避嫌，洗衣店是以大姐的名义开设。本以为开业之后会生意兴隆，财源不断，但是没想到洗衣店的收益远远没有预想的好，甚至后来入不敷出，继续经营下去只会亏损得更多。无奈之下，彭纪学只好把洗衣店转让给二姐夫的三弟经营。三弟性格温和，服务态度好，也很会经营，接手洗衣店后很快就转亏为盈，只用了两年时间就收回了全部成本并开始盈利。

同样一家洗衣店，不同的人经营为何会出现截然不同的结果？经过认真的思考，彭纪学深深地明白了一个道理：选对项目很重要，用对人更重要！这样的感悟恐怕是很多成功的创业者的共同感受。

常言说"失败是成功之母"，洗衣店项目的失败并没有阻止彭纪学创业的脚步，带着从失败中总结的教训和经验，他开始寻找新的项目。

二、进军砂纸业

经营洗衣店的失败使彭纪学平静了一段时间，也有了很多的思考和感悟。决心在创业路上不断探索的彭纪学，经过认真的市场调查和慎重的考虑，决定再次出发，这次要从砂纸做起。砂纸俗称砂皮，是一种供研磨用的材料，用以研磨金属、木材等表面，使其光洁平滑。砂纸通常是在原纸上胶着各种研磨砂粒而成的。根据不同的研磨物质，有金刚砂纸、人造金刚砂纸、玻璃砂纸等多种。干磨砂纸（木砂纸）用于磨光木、竹器表面。耐水砂纸（水砂纸）用于在水中或油中磨光金属或非金属工件表面。彭纪学所经营的公司生产制作的砂纸属于干磨砂纸，即用于木质家具的打磨抛光。传统木质家具工厂中，很多木工活如打眼、刨木都被机器替代，但打磨工序依然由手工完成，打磨所使用的重要材料就是砂纸。从家具厂商对家具涂装前打磨的重视，可以看出它的重要性。从某种意义上说，家具表面的美观性在很大程度上取决于打磨质量的好坏，而作为打磨工具的砂纸自然也很重要。

　　传统家具制作在上漆前必须先用砂纸打磨光滑。东莞是广东省乃至全国家具生产的重要基地，所以砂纸的需求量在当地非常大，市场前景好。此外，彭纪学曾经在家具厂工作多年，积累了丰富的经验和人脉，所以砂纸业无疑是适合他的又一个项目。虽然转向砂纸业对于彭纪学来说有一定的优势，但并非没有挑战。当时最大的挑战就是如何突破这个行业的传统技术，能够实现异军突起。

　　传统砂纸生产的技术含量不太高，所以行业的竞争压力很大，如何在这个竞争激烈的传统行业站稳脚跟是彭纪学必须要面对和解决的一个现实问题。经过多方请教和认真思考，他深刻地认识到：要想异军突起，必须从材料和技术上突破，只有这样才能在竞争激烈的砂纸行业获得竞争优势，才不至于刚创业就失业。想明白这个问题后，他又不得不面临另外一个问题，那就是如何寻求技术的突破？常言说："多一个朋友多一条路。"正在彭纪学一筹莫展的时候，多年在台资企业工作结交的台湾朋友及时伸出了援手。可谓"山重水复疑无路，柳暗花明又一村。"通过这些朋友的帮助，彭纪学顺利拿到了制作砂纸的进口材料。由于进口材料在质地、性能方面都远远优于国内材料，所以制作出来的砂纸更具有市场竞争力，彭纪学由此打开了市场，也站稳了脚跟。由于产品质量有保证，商家信誉良好，公司逐渐有了稳定的客源，也获得了利润，此时一边工作一边创业的彭纪学认为，辞职的时机已经成熟。于是他放弃了工厂给予的优厚待遇，离开了自己工作多年的企业，开启了属于自己的创业新时代。

彭纪学在关键节点的转身再一次向我们印证了一个真理：一个人能够成功，很大程度上取决于他清楚自己拥有什么、想要什么，明白自己该放弃什么、该做什么。其实，但凡成功之人，都能够熟知和运用好这条真理。马云在创业之前就是一名优秀的英语老师，甚至在1995年被评为杭州市十大杰出教师。但是马云却从英语中寻找到了更多的商机，于是他果断辞职，并成立了海博翻译社。由于那时翻译社比较少，而杭州更是没有，第一个吃螃蟹的人自然也就最容易成为成功的人。当翻译社越来越红火时，马云发现了互联网潜在的巨大市场价值，于是又改行做起了阿里巴巴，一步步创造了属于马云，也属于阿里巴巴的互联网神话。事实上，彭纪学也是不断在尝试着转行，虽然每一次转行都面临巨大的压力与考验，也承受着风险与困难，但凭着一种执着，靠着一份勤奋，他一步步收获了成功。

2004年，对于彭纪学而言是一个重要的人生转折点，在这之前他是一边上班一边创业，而在这之后，他放弃当时令人羡慕的优厚待遇，全身心地投入到自己的创业中去，成立了属于自己的公司——东莞市日兴抛光材料有限公司（见图3-1），经营范围包括家具、装修市场的各种抛光材料。

任何创业者都希望收获成功，但却无法回避创业意味着两种可能，成功或者失败。对于当时已经收入颇丰的彭纪学而言，放

图 3-1 日兴抛光材料公司标识

弃有着优厚待遇的工作进行创业无疑具有一定的风险,这种风险就是如果失败便一无所有,必须从头开始。所以,他的这个决定让很多人不理解,但他认为自己可以沿着创业的路子走下去,这份自信是建立在多年打工积累经验的基础上,也是建立在对市场进行充分调查研究的基础上。没有足够的调查研究,贸然投资不是自信,而是一时冲动。冲动的结果必然是付出代价,所以创业有风险,入行需谨慎。但是如果已经考察清楚、考虑成熟,就必须果断实施,只有这样才不至于让机会从自己的指缝中悄然溜走。所以,创业要避免盲目冲动,也要避免犹豫不决。

第二章 兄弟同心共筑创业新梦想

一、创业初始兄弟情

万事开头难,这是共识也是现实。对于彭纪学来说,创业伊始除了资金投入,更重要的是要寻找合适的管理人员并组建一支具有凝聚力的团队,这是当年开设洗衣店给他的教训,也是经验。成功的人往往具有善于从失败中总结教训的智慧,从而避免重蹈覆辙。就此而言,彭纪学是一个有智慧的人。企业成功的关键在于用人,这既是企业家的共识,也是被实践反复证明了的真理。美国家得宝公司在激烈的竞争中濒临倒闭,为了挽救濒临倒闭的局面,公司做出了一个重大的决定,那就是不惜花费重金聘请伟大的企业管理巨子——通用电气公司前三大首席执行官之一的纳德利。在仅仅月余内,纳德利力挽狂澜,为家得宝盈利。当年的克莱斯勒曾经在美国名列第三,但是市场开放后,全世界的汽车品牌全部到齐,竞争异常激烈。发明了类似福特的T型车后风光无限的克莱斯勒濒临倒闭。危急时刻,公司决定请时称福特汽车王牌销售的艾克卡副总裁管理公司。艾克卡力挽狂澜，拯救了克莱斯勒公司，这是其迄今还在美国和世界上存在的根本原因之一。北京吉普是我国最早的汽车企业，生产我国最著名的BJ2020轻型越野车，当时风光无限。但是随着改革开放的不断深入发展，国外汽车各大品牌蜂拥而入，国内汽车行业也发展迅猛，北京吉普遭遇到了全世界最先进汽车生产商的竞争，遇到了生存危机。为在激烈的汽车市场竞争中立于不败之地，2004年公司聘任了刚刚回国的世界第一职业经理人——德国戴姆勒－奔驰股份公司前职业经理人陶志辉，一举发起全球第一和唯一中文平台的市场覆盖传播攻势，独立创造超过50G字节文字量的中文市场促销全案，最终力挽狂澜，扭亏为盈。事实再一次证明企业的生存和发展重在用人。

深谙用人之道的彭纪学为了走好创业路，决定把在虎门工作多年且有丰富管理经验的姐夫和在工厂打工的弟弟召集到一起共同创业。当时，姐夫在外资企业已经工作多年，月工资已高达2000多元，这在21世纪初算是高薪一族了。但是为了帮助彭纪学创业，姐夫毅然决然放弃了高薪工作，而且这一帮就是5年。由于处在创业的初始阶段，姐夫连之前商定的工资都无法保证能够拿到，但他却无怨无悔，一心一意尽力为公司的发展出谋划策。彭家二弟当时在一家台商开办的工厂打扫卫生，虽说工作又脏又累，但收入也很可观。当彭纪学提出要二弟一起参与创业时，他也是毅然决然，没有丝毫犹豫，便辞去工厂的差事，开启了和彭

第三篇
奋勇追逐创业梦

纪学齐心协力创业的新阶段。说到二弟，他也是一个有故事的人。

早年，彭家三弟身患白血病，二弟小学没毕业就辍学外出打工，由于没有文化，只能靠打零工贴补家用，小小年纪就辗转各地打工，吃苦在所难免。但憨厚老实的二弟从来不喊苦，不管脏活累活，都任劳任怨。2000年，彭纪学所在的台资工厂老板在东莞市大岭山镇又开设了一家新工厂，由于外商对于工厂卫生条件要求特别高，彭纪学便推荐能够吃苦耐劳的二弟负责工厂的卫生。出于对彭纪学的信任，老板欣然答应。在如何发放工资的问题上，彭纪学提出了一个方案：工厂卫生由二弟负责打扫，但工厂不需要支付工资，只是打扫卫生所得废品要归二弟所有。老板对于彭纪学提出的这个方案几乎是不假思索就答应了下来，因为对于工厂来说不需要额外的支出就可以换来清洁的环境，可谓是求之不得，自然没有不同意的道理。对于彭纪学的这个方案，可能很多人不理解：干这么脏累的活却不要工资？太不可思议了！这只是我们的常规思维而已，但真正能够获取成功的人总是那些勇于突破常规思维之人，在二弟打扫卫生的事儿上，体现出了彭纪学不同于常人的思维方式。

对于成功，拿破仑有过一个形象的比喻，他认为发现新大陆就像是将鸡蛋立在桌子上一样，很多人都无法成功，而他所做的其实只是将鸡蛋一端的壳敲碎了，然后就获得了成功。很多时候我们没有突破传统的惯性思维，认为做了事就必须能够拿到相应的回报。其实，有时候转换一下思维方式，也许可以得到一个更大的回报。事情的发展充分证明了彭纪学这个决定的高明。

双方就打扫卫生的具体事宜谈妥后，二弟和二弟媳便全面开始接管了工厂的卫生，从车间到卫生间，从食堂到宿舍，从早上到夜晚，可谓是全方位全天候。打扫卫生的活儿又苦又累又脏，但是二弟夫妻两个任劳任怨，起早贪黑，不管老板在与不在，不管刮风还是下雨，都保证工厂干干净净，绝对做到360度无卫生死角。在老板开设的多个工厂里，二弟负责卫生的这个工厂一直稳稳地成为卫生标杆。二弟的工作得到了老板和员工的认可，收获了口碑，赢得了尊重，也用6年时间收获了大岭山务工的第一桶金。一分钱工资都没有的二弟为何可以在这6年里收获第一桶金呢？这源于彭纪学当初那个不符合常规思维的决定：打扫卫生不要工资，只要废品。也许在当时没有几个人看到废品背后的利润，但彭纪学凭着他的非常规思维敏锐地预见到废品所隐含的利润，甚至后来出售废品所得的利润远远超出了彭氏兄弟的预期。由于工厂工人众多，生活废品数量巨大，工厂在生产过程中也产生了大量的工业废品，以往这些废品往往被零散扔掉，谁也不知道到底有多少，但是废品一旦被收集起来，才显现出它所蕴含的巨大价值。当时工人平均工资还在千元左右，但二弟每月卖废品所得却高达万元甚至几万元。数字对比之悬殊，不仅让我们意识到了当初彭纪学决策的正确，也让我们不得不佩服他的眼光。这是任何成功者都必须具有的特质——能够看到别人看不到的东西。就这样，二弟夫妻靠卖废品积累原始财富的日子一过就是6

第三篇
奋勇追逐创业梦

年,辛苦而欣慰着,劳累而收获着。但生活总是这样,会在不经意间给你惊喜,也会在喜悦之中给你意外。

司马迁曾说过这样一句话:"天下熙熙,皆为利来;天下攘攘,皆为利往。"意思是说天下人为了利益而蜂拥而至,为了利益各奔东西。虽然有点一概而论,但却也有几分道理。当年二弟承揽工厂卫生的时候,由于这活又脏又累又苦,没有人愿意干,甚至当时还有人笑话二弟居然给别人打扫卫生还不要工资。但随着废品所隐含的利益逐渐变大,一些人就从笑话二弟变为了羡慕甚至嫉妒,还琢磨着怎样才能把"这块蛋糕"搞到手,甚至个别人为此不择手段,暗中找人从中作梗搞破坏。尽管面临种种压力,但是做事向来讲究原则的老板并没有因为压力而解除当初的约定,力排众议坚持让二弟继续承揽这份工作。这件事让彭纪学兄弟感受到了在企图攫取蛋糕者施压下的无奈和无助,也见证了正义者的善良和真诚。经历过这场风波后也使他们更加坚信:只要与人为善,就一定可以得到尊重和认可,获得支持和帮助。这也是他们在成功后一直奉行的做人做事原则。

虽然经过一番波折,二弟最终保住了这块艰难做成的蛋糕,但也让彭纪学深刻认识到吃苦耐劳、心思细腻、脑瓜灵活、踏实本分的二弟不应该也不能一辈子都打扫卫生,即便从中可以获得不小的收益,他也必须要改变,也一定能够改变。改变的第一步就是先到自己的工厂来,这既是二弟人生的转变,也是自己实现成功创业的需要。经过一番认真的沟通交流,2007年二弟放弃了他辛苦工作6年的地方，带着赚来的"第一桶金"来到了彭纪学的公司，开启了兄弟共同创业的新阶段。

姐夫和二弟如同彭纪学的左膀右臂，在他们的共同努力下，公司很快冲出低谷走上了正轨，效益越来越好。由于经营有方和家人的群策群力，公司很快从当初的3人家庭作坊扩展到60多人的工厂，公司的业务也突飞猛进地增长。彭纪学是一个天生爱思考、也爱"折腾"的人，随着业务量的不断增长，靠效率低、规模小、性能不稳定的传统手工技术已经无法满足企业需要，于是彭纪学开始大胆地对传统技术和设备进行改造创新。经过努力，他开发了大量新产品，逐步实现了机械化生产，生产效益和产品质量都大大提高。随着公司规模的不断扩大和业务量的不断增加，日兴抛光材料有限公司又在香港设立了贸易有限公司（见图3-2），使公司的生产经营又上了一个新台阶。

图3-2 日兴（香港）贸易有限公司

生意越做越大，产品越销越远，技术更新换代越来越快。但是由于当时缺乏应有的知识产权保护意识，没有及时申请专利，所以彭纪学开发的一些新技术被一些投机取巧的不法商人模仿和盗用，当时甚至几条街卖的都是彭纪学研发的产品，以至于有人调侃彭纪学"一人开发，全民共享"，足见仿制问题的严重。由于仿制者不需要支付开发成本，所以产品成本大大降低，在市场上以低价销售获得了更大的竞争优势，而彭纪学鉴于开发成本而无法在价格上一降再降，以至于公司销量一度陷入低谷。这种状况的出现使彭纪学深刻地意识到，开发技术固然重要，而注重新技术的法律保护同样重要。自此，他养成了每开发一项新技术或者新产品就及时申报专利的习惯。至今已经拥有多项专利的日兴抛光材料公司不断提高产品的等级和生产设备的自动化程度，从机械化到自动化，改变的不仅仅是设备，更是创造了企业的未来（见图3-3～图3-5）。

二、事业成功齐发展

当人们都以为这个冉冉升起的家族企业在发展之后，彼此之间会为各自在公司的地位和利益而矛盾重重时，彭纪学又做出了一个超乎常规思维的决定：鼓励姐夫和二弟独自去创业。之所以做出这样决定，不是彭纪学不愿意和兄弟分享成功，而是他认为他们有能力也应该创造属于自己的事业。这不仅可以提升姐夫和二弟的个人成就感，而且彼此之间相互支撑、相扶相持，可以从

图 3-3　彭纪学亲手设计研发的生产线

图 3-4　同行业唯一自动化生产线

图 3-5　工人在操作生产线

整体上提高各自企业抗击市场风险的能力。

2009年,在彭纪学的支持下,姐夫和二弟他们相继成立了属于他们自己的公司(见图3-6、图3-7)。

经过多年的发展,现在他们兄弟的企业都做得风生水起,不仅又一次证明了彭纪学的远见卓识,更重要的是兄弟各自的企业之间已经形成了产品生产销售的产业链,不仅增强了抵御风险的能力,而且为现代企业发展的去家族化做出了典范。兄弟姐妹间的特殊血缘关系成就了多对著名的合作伙伴,例如维多利亚时代的巧克力生产商理查德·卡德伯里(Richard Cadbury)和乔治·卡德伯里(George Cadbury)兄弟,以及21世纪创立了一系列科技企业的亚历山大·桑威尔(Alexander Samwer)、奥利弗·桑威尔(Oliver Samwer)以及马克·桑威尔(Marc Samwer)三兄弟。兄弟本是同根生,血缘亲情使兄弟之间在合作中多了一份默契,也就多了几分成功的概率,所以企业家族化是一种特别常见的现象。然而,手足纷争和《旧约全书》(*Old Testament*)中该隐(Cain)与亚伯(Abel)之间你死我活的争斗一样古老,"兄弟姐妹"一词也常常会和"竞争对手"联系在一起。研究企业家精神的考夫曼基金会(Kaffmuan Foundation)的乔纳森·奥尔特曼(Jonathan Ortmans)指出,如今更换一家初创企业的核心团队已不再是一件非常丢脸的事。他表示这不利于在团队中引入手足,因为出资方通常希望招募非家庭成员。家

图 3-6　彭纪学二姐夫工厂生产的产品

图 3-7　彭纪学二弟工厂的生产车间

族企业发展到一定阶段就必须去家族化，否则就可能影响企业的发展。

在中国的企业里面，很多家族企业都是创业时大家能够做到齐心协力，共同创造了辉煌的业绩，但是一旦企业发展到比较成功的阶段后，内部利益的分配问题就显得比较尖锐，发展到一定程度就是分家析产。有这样一种说法：中国的民营企业，十岁是个坎儿，许多过不了坎儿的就夭折了。还有一种说法：中国的民营企业，多患一种侏儒症，很难长大，资产一亿元是个坎儿，"夫妻店"难以开成"麦当劳"。所以家族企业发展到一定阶段就应该主动考虑成员的个人利益问题，做到持衡，让每个成员感到付出值得，或者像希望集团那样早做分离，最终达到做大做强。在这点上彭纪学兄弟有着清醒的认识，也都处理得很好。

创业初期，由于资金紧张、人员缺乏，他们不计得失，彼此之间有钱出钱、有人出人，经过共同努力，使企业的发展一步步走上了正轨。但是在企业发展到一定阶段后，他们相继成立了属于自己的公司，不仅实现了利益与付出的对等，也避免了因为性格、理念等因素引发的分歧，并且还规避了同在一个企业的投资风险，很好地实现了资金分流，更好地实现每个人的个人价值和抱负。

当然，彭家兄弟之间共同创业的成功也是良好家风的传承。自打小时候开始，父母就教育他们要兄弟同心、兄友弟恭。几十年来彭家兄弟姐妹便一直牢记父辈的教导,不管在艰苦创业阶段,还是事业有成之后,都互帮互助、同心同德,事业上齐头并进,生活中互相关心,成就了良好家风传承的佳话。

"家和万事兴。"在兄弟的共同努力下,彭家生意越做越大,路也越走越宽,此时,一个商机又悄然而至。

第三章 开启"追美"之路

一、"美"的邂逅

随着公司的不断发展，业务范围不断拓展，顾客群体不断扩大。为了开阔眼界更好地推进企业现代化发展，彭纪学每年都要去国外考察。上天总是眷顾努力而有准备的人，本来是一次常规的国外之旅，却为企业的发展打开了一扇新的大门。

这究竟是一次怎样的旅行？为彭纪学打开的又是一扇怎样的大门呢？时间要追溯至2003年的3月份。春天是一个万物复苏的季节，按照惯例也是彭纪学外出考察加旅游的季节，这一次他选择的目的地是新加坡。在新加坡，彭纪学入住了一家五星级酒店，他发现酒店房间的桌子上有一个自己从来没有见过的小小物件，善于发现而又有着极强好奇心的彭纪学对这样一个小物件产生了极大的兴趣，于是就找来酒店服务员问个究竟。从酒店服务员口中得知，这个小物件是指甲抛光的工具，服务员还详细地告诉他具体的使用方法。乐于尝试的彭纪学迫不及待地按照服务员的介绍开始对指甲进行抛光，一会儿的工夫，指甲便被打磨得光洁明亮。看着手里的这个小小的指甲抛光工具，彭纪学产生了很大的触动，脑海里突然闪现出了一个念头：把这种产品引进到国内去。这个念头的产生不仅有他对产品的喜爱，还有对商业契机的敏锐捕捉。对于彭纪学的这个决定，很多人不理解也不看好，原因多是美甲工具在现实生活中是一件可有可无的东西。在当时看来，国人的传统观念决定了接受这种产品的人数不会太多，自然也就没有太大的市场前景，投资一个没有太大市场前景的项目自然要冒更大的风险，所以身边的人大多并不看好这个项目。面对众多的质疑，彭纪学一度也有点举棋不定，毕竟经过多年的辛苦打拼，刚刚有了一定的经济基础，贸然投资很可能使已经取得的成绩付之流水。面对人生的又一次抉择，彭纪学内心充满着矛盾和挣扎。虽然对美甲行业的发展前景有着自己独特的乐观判断，但面对重大的事业转折，他内心依然非常彷徨。此时彭纪学将自己的想法告知了一位在部队院校长期从事政治工作并德高望重的舅舅。听彭纪学说完想法后，舅舅从改革开放后我国经济快速发展和人们生活水平不断提高说起，认为追求美是大势所趋，因此美甲的未来市场会非常大，其前景非常乐观；而且此产品刚刚进入国外市场，在国内还是一个空白，一定要抓住这个难得的机遇。舅舅的一席话给了彭纪学强大的动力，使他更加充满了信心、坚定了选择。如果没有这番谈话，彭纪学是否会坚定地选择

第三篇
奋勇追逐创业梦

美甲我们不得而知。但现实是在这番谈话之后，彭纪学就开始为这次事业的转型做准备。每当谈到这件事，彭纪学都会充满感激地说："我之所以有今天，有两个人永远不会忘记，一位是企业家赵总裁，他教会了我怎么样做生意，是我事业的引路人；另一位就是我的舅舅，他教会了我怎么样把握机会，是我思想的引路人。"

智者总是能在最后时刻做出最好的选择，这是智者更容易成功的关键。经过慎重考虑，虽然压力重重，彭纪学坚守了自己的选择，他认为：在不久的将来，美甲会成为越来越多爱美人士生活的必然选择，美甲产品也必将会成为一项冉冉升起的朝阳产业。成功学大师德鲁克曾说："对于那些成功的人，我们只看到了他们取得了我们没有取得的成果，却不去想他们看到了我们未曾看到的东西，想到了我们未曾想到的方法。"朴实的话语说明了一个深刻的道理：成功的因素有很多，关键在于有好的眼光。你的想法与众不同，你的眼光与众不同，你的方向与众不同，你就能够看到别人看不到的商机，成功自然就属于你。好的玉石往往嵌在石头之中，发光的金子则隐藏在沙子当中，那些暴露在外的往往都是糟粕。机会也是如此，只有当别人迷惑的时候，当大家都被迷雾笼罩的时候，机会才会出现。当大家都不觉得它是个机会时，它的价值才会凸显，如果你看得比别人更深、更远，就比别人更容易把握机会，也更容易获得成功。当一个创业者看见的东西和大家一样，那么就没有必要去创业了，因为你所面临的竞争一定会很大，你成功的概率就会很小。

李嘉诚曾经说过："当一个新生事物出现时，只有5%的人知道赶紧做，这就是机会，做得早就是先机；当有50%的人知道时，你做个消费者就行了；当超过50%时，你看都不用去看了。"对此，他解释说，当别人不明白他在做什么的时候，他明白自己在做什么；当别人不理解他在做什么的时候，他理解自己在做什么。当别人明白了，他富有了；当别人理解了，他成功了。

20年前，当以美国为代表的西方国家通信业迅猛发展的时候，中国在通信产业几乎还是空白，甚至没有一家稍微像样的电信设备企业，那时候电话对于中国人来说是一种奢侈品，所以几乎没有人可以预料到之后的20多年中国通信业能够以如此迅猛的速度发展。但是刚刚从部队转业的任正非却透过现实看到了中国通信业发展的明天，所以他以一个骑士的做派向他有限的几十个听众喊出了"世界级梦想"的口号，这些听众们要不成了半信半疑的"信众"，要不干脆背过身说：老板脑子坏了！在当时通信业还不够发达的时候，人们对于任正非关于"世界级梦想"的口号存有质疑也许并不奇怪，但经过20多年的发展，华为已经拥有15万员工，在全球170多个国家和地区运营。今天的华为作为全球领先的ICT（信息与通信）基础设施和智能终端提供商，致力于把数字世界带入每个人、每个家庭、每个组织，构建了万物互联的智能世界。事实证明了任正非卓越的洞察力，这也是为什么华为和任正非获得了成功。

我们绝大多数人都是在超过50%的人知道某个项目后，才想到要去投资，而不能及早发现商机。所以总是跟在别人的后面去做，总是在竞争最激烈的时候才想起去做，总是在没有多少利润空间的时候去做，这时候是很难获得成功的。诚然，中国只有一个任正非，但是却有着一批任正非式的企业家，他们能够敏锐地洞察市场，能够果断地抓住商机，他们在各自的领域中书写了属于自己的传奇。

彭纪学也许不是第一个在国外看到美甲工具的中国商人，但是对于新事物，他有着别人没有的敏锐性，所以他看到了别人没有看到的商机。彭纪学认定美甲抛光材料是商机的一个重要原因就是他坚定地认为：随着我国经济发展速度的不断提升，人们的生活水平不断提高，爱美的意识就会不断增强，因此美甲业一定会有一个好的前景。即便面对众多的质疑和反对声，也面临着巨大的资金压力，他也不曾动摇。既然决心已定，接下来要做的就是为美甲工具的生产寻找技术、材料和人才。

通过深入全面的调查，彭纪学认为就美甲材料而言，韩国的技术和市场比较成熟，所以必须想方设法购买韩国的美甲材料。但是光有材料还不行，还需要有技术的人才能把材料做成产品。世界范围内，制作顶级美甲工具的材料在韩国，顶级的美甲产品技术在韩国，顶级的美甲工具专家也在韩国。这一切都说明，成功的关键在于从韩国引进技术、材料和人才。

宁愿让人才等技术，不能让技术等人才。所以首先找到合适的人才是开启美甲材料新项目的关键。茫茫人海,哪里去找韩国的专家,又怎么能让韩国专家愿意跟自己合作呢?这是当时摆在彭纪学面前的第一个难题。

正可谓"世上无难事,只怕有心人"。一次偶然的机会,彭纪学得知有一位资深的韩国美甲抛光方面的退休专家,每年都会去青岛休假小住一段时间。得知这一消息后,彭纪学如获至宝,他先让朋友帮忙打听这位专家休假的时间、地点和兴趣爱好,消息确定后他自己立即赶去青岛。到达青岛后,为了找机会接近这位专家,彭纪学费了一番心思。之前已经打听到这位韩国专家喜欢钓鱼,彭纪学便也买来渔具,扮作一位钓鱼爱好者开启了他的"钓鱼外交"模式。在青岛的那段时间,彭纪学每天都拿着鱼竿、鱼饵去韩国专家钓鱼的地方,故意选择在其旁边钓鱼。当然"醉翁之意不在酒",彭纪学的心思全部都在如何能够和韩国专家搭上话,所以始终关注着对方的情况,根本无暇顾及是否有鱼上钩。经过几天的观察,彭纪学把握了这位专家钓鱼的规律和习惯,然后开始有意识地和他搭讪,进而越聊越多,越聊越投机。功夫不负有心人,经过耐心而富有诚意的沟通,彭纪学用鱼竿"敲"开了韩国专家的心门,专家爽快地答应了他的请求,决定带着技术应聘于日兴抛光材料有限公司。

请到了韩国的专家,解决了人的问题,接着还有一个重要的问题需要解决,那就是资金,因为聘请专家要支付报酬,而购买材料和技术也需要投入。为了请来韩国专家做技术顾问,彭纪学开出了每月 5 万元的"天价"工资，在当时对于他而言是难以承受的，但是为了产品的质量，为了表达其诚意以及对于专家的尊重，他开出了高薪。事实证明，给予韩国专家的高薪是值得的，因为韩国专家在技术、产品开发方面都给了公司很大的支持。但是由于当时产品开发处于初级阶段，各项投入尚没有见效益，所以经济状况非常窘迫，甚至拿不出现钱支付韩国专家的工资，于是彭纪学便把出口韩国产品的货款交由他们代为收取，以抵作工资。为了尽快在国内外打开市场，彭纪学不断加大对产品的开发力度，并投入大量的人力物力成立了专门的指甲抛光材料的研发团队，先后研发出了包括亮甲器、脱毛器等在内的多种指甲抛光产品（见图 3-8、图 3-9）。系列媒介产品的推出，不仅填补了当时国内美甲抛光产品市场的空白，也使彭纪学真正成了国内美甲抛光第一人。

二、成功的秘诀

当代著名作家柳青曾经说过这样一句话："人生的道路虽然漫长，但紧要处常常只有几步，特别是当人年轻的时候。"对彭纪学而言，转产美甲抛光产品就是他年轻时迈出的紧要几步中的关键一步。

美甲抛光产品一步步的发展使我们明白了一点：当一个方法被绝大多数人想到时，这个方法不会起到多大的作用；当一个项目被绝大多数人看到时，这个项目也不会有多大的发展；只有当

图 3-8 美甲产品展示柜

图 3-9 部分美甲产品

大家都不够重视某个机遇或者趁着大家都没有发现的时候，你成功的机会才最大。

马云不是最先接触互联网的人，也不是最先接触电子商务的人，但他却是做电子商务最成功的人，其中一个很重要的原因就是他从互联网上发现了商机，而很多人要么没有发现，要么没有看到互联网巨大的商业价值。所以创业初期，马云承受的竞争压力就很小，成功的机会变大了很多。彭纪学的美甲产业也是如此，由于国内的美甲产品市场没有形成，彭纪学虽然有技术上的压力，但同行竞争的压力却很少，所以他一步步走向了成功。年轻人创业必须要具有长远的眼光，要懂得透过现象看本质，还要有独立思考的能力，不要总是想着随大溜儿，不要总是参照别人的想法去判断，而应该善于从别人忽略的东西中寻找商机。

美甲抛光材料的市场正如彭纪学预想的那样，发展越来越好。尤其是近年来，随着人们生活水平的不断提升，人们正在经历"当代审美泛化"的质变，它包含双向运动的过程：一方面是"生活的艺术化"，特别是"日常生活审美化"得以产生和蔓延；另一方面则是"艺术的生活化"，当代艺术摘掉了头上的"光环"逐渐向日常生活靠近。美甲已经不仅仅是停留在纸面上的艺术，而是逐渐走进了人们的生活，要让这门艺术不断发展和更好地符合人们的生活需求，就必须不断创新发展，而要不断创新发展，就必须不断推陈出新，有更多更好的产品。

美甲产品生产初期，韩国专家夫妇在技术方面给予了很大的扶持，但是随着年岁渐高，他们决定离开中国。长期在技术上对于韩国专家的依赖使日兴抛光材料有限公司美甲产品的技术开发陷入了困境。俗语说"谁被逼近角落，谁就有出奇的想象"。彭纪学用他的经历证明了这是一条真理。面对美甲产品技术研发的困境，没有接受过专门教育的彭纪学决定自己动手，以解决因为人才缺失而带来的技术难题，并避免未来可能遇到的技术发展困境。事实证明，他在企业发展的关键时期又做出了一个明智的重大决定。究其原因，企业自身的研发能力是企业不断发展的造血系统，只有能够为自己输血造血，一个企业的发展才不会受制于其他人，也只有这样才能够抵御外在的风险，提高自身的生存能力。像可口可乐、微软、苹果、三星、波音公司，这些巨头都有自己的造血系统，都有极强的生存能力和适应能力。正因为如此，他们才具有世界级的竞争力，才能够畅销世界，占领全球市场。而像雷曼兄弟这样的银行业巨头因为失去了良好的融资渠道，只能寄希望于美国政府的贷款，最终还是免不了破产倒闭。我们国内也不乏类似的例子。

20世纪80年代中后期，一批中高级科研人才创建的"巨龙"，曾经是通信行业的一颗耀眼的明星，国家资本全力支持，市场扶植政策全面倾斜，尤其是人才支持。然而体制在阵痛中渐变，20多年过去了，过于依赖政府扶持的巨龙，在技术革新的巨大洪流中因为缺乏技术创新而陨落了，即使是再有勇气和魄力的企业领袖也难以改变这一切。但和巨龙同时期的民营企业华为技术有限公司，专注于ICT领域，坚持稳健经营、持续创新、开放合作，在电信运营商、企业、终端和云计算等领域构筑了端到端的解决方案优势，立足自身的技术创新为运营商客户、企业客户和消费者提供有竞争力的ICT解决方案、产品和服务，并致力于构建更美好的全联接世界。经过近30年的发展，截至2016年底，华为的产品和解决方案已经应用于全球170多个国家，服务全球运营商50强中的45家及全球1/3的人口，成为中国企业自主创新的典范。国内外企业巨头因过于依赖外界因素而陨落破产的教训以及一些企业立足自身求发展而成功的经验一再证明：企业要想恒久发展，必须立足自身，否则无论多么辉煌也必将是昙花一现。鉴于此，企业的创办者一定要有明确的独立意识，遇到问题不要急于找人帮忙，而应该尽量自己解决，管理不好就自己制定合理的规则；资金不足，就自己去想办法创造更多的收益；技术不够，那就自己去研发。只有不等不靠才能屹立不倒。诚然，在这个世界上，没有一个成功的企业家、一个成功的企业是靠别人扶起来的，那些人为扶起来的东西，即使看起来再伟岸、再有实力，也总有一天会倒下去。

第四章 研发创新促发展

一、立足自身搞研发

彭纪学是一个有着独立思考能力的创业者，也是一个愿意踏踏实实做事业的实干家，所以面对技术上的难题，他没有等和靠，而是力求立足自身搞研发以解除技术上的困境。但是，技术的研发绝非易事，不仅需要有一定的理论知识，还需要有一定的实践经验。对于只有大专学历的彭纪学而言，二者都不具备，但天生不服输的他执着地认为，理论知识不够可以学，实践经验不足可以积累，只要用心，就一定有收获。

决心已定，首先需要解决的就是相关理论知识的学习。为了尽快了解和掌握抛光材料的理论知识，彭纪学买了大量书籍，把自己关在房间里没日没夜地看。万事开头难，没有任何相关学习经历的彭纪学刚开始根本看不懂书里的内容，但是凭着一份不服输的执着，他把相关的理论学会了、弄懂了。毛泽东同志曾经说过这样一句话："你要有知识,你就得参加变革现实的实践。你要知道梨子的滋味,你就得变革梨子,亲口吃一吃。"这句话生动形象地说明了知与行的关系,一切真知来源于实践,也必须接受实践的检验。积累了一定的理论知识之后,彭纪学开始着手准备做实验。实验需要专心致志,且不能间断,为此彭纪学在工厂条件非常有限的情况下,在公司办公楼顶楼自建了一个实验室,说是实验室,其实就只是一个简易的铁皮房。铁皮房闷热不透气,尤其是在炎热的夏季,里面温度通常高达五六十度,彭纪学在里面做起实验来就是十几个小时,闷热的程度可想而知。彭纪学经常调侃说,"我就是一边蒸桑拿一边做实验"。条件虽然艰苦,但不停流下的汗水成为激发灵感最好的营养剂,也成为研发实验过程中最刻骨铭心的记忆。就是在这个闷热而简易的铁皮房中,一项项优质产品得以成功研制,其中砂布、砂纸、脱毛块还成了国家认证的多项专利产品(见图3-10)。

图 3-10　部分专利证书

彭纪学亲自搞研发的初衷本是为了使公司摆脱技术研发的困境，而其后则成为日兴抛光材料公司发展的巨大动力支撑。由于具备独立的研发能力，公司可以依据客户的需求进行有针对性的技术创新和产品改进，能够满足不同客户的个性需求，这为公司赢得了更多客户的青睐，也为公司发展赢得了极大优势。时至今日，公司发展蒸蒸日上，各种产品供不应求，但是彭纪学仍然坚持亲自进行产品开发，这是习惯，也是公司发展之道和力量之源。正是在产品开发的过程中，彭纪学丰富了个人知识，也引发了更多的思考。孔子曰："学而不思则罔，思而不学则殆。"不断的学习和思考，持续的研究和实验，一步步使日兴抛光材料有限公司产品的科技含量越来越高。

彭纪学不仅善于自己研发新技术，还善于向他人学习，不仅注重业内交流，还善于和其他相关行业交流（见图3-11、图3-12），在交流中启发思考，在思考中研发产品，从而不断促进技术的提升和产品的更新。

二、高校合作创新篇

彭纪学不仅仍然工作在产品研发的第一线，而且积极探索技术创新研发的新途径，其中一个很重要的方式就是和高校进行科研合作。高校是培养人才的摇篮，其中不乏理论水平、研发能力都很强的团队。随着公司产品研发要求的逐渐提高，迫切需要有较高研发能力的团队参与其中，高校就是很好的选择。为此，日

第三篇
奋勇追逐创业梦

图 3-11　彭纪学和外商在产品交流会

图 3-12　彭纪学与外国友人在一起

兴抛光材料公司开始了高校科研合作的历程。这个合作的初衷源自产品亟须突破打磨散热技术的瓶颈。

日兴抛光材料有限公司的美甲产品最基本的使用方法就是打磨，但在打磨指甲的过程中会产生巨大的热量，如果不能及时散发，很容易灼伤手指。为解决这个困扰公司产品创新发展的瓶颈，彭纪学决定寻求新的途径。一个偶然的机会，彭纪学和河南工业大学就技术研究开发达成了合作共识，并进而开始了长期的合作（见图3-13）。这次合作研发不仅解决了指甲抛光材料的技术难题，实现了重大的技术突破，也密切了彭纪学与科研院所的合作，从而开辟了一个双方合作共赢的良好局面。公司与科研院所合作之所以是双赢，因为于公司而言，产品开发需要新的理论、原理和创意，需要不断的技术创新，通过与高校进行广泛且深入的沟通与交流，可以了解最新的科技信息、科研成果，从而不断推动公司产品技术的创新和新产品的开发。于高校而言，在共同进行科研技术开发过程中，他们了解到了企业现存的技术难题和技术需求，掌握市场的技术需求，可为高校提供下一步的科研方向。通过新技术运用于生产并走向市场，也可以最快的速度实现科研成果转化为生产力和效益，从而为更新的技术研发提供经济支撑。正是在这种合作共赢的研发过程中，公司和高校建立了长期稳定的合作关系，并不断提高合作的广度与深度，将高校的技术优势变为企业的产品和市场优势，从而不断提高企业的创新能力，为企业带来了良好的社会效益及经济效益，推动了企业的可持续发展。

图3-13　日兴抛光材料有限公司与河南工业大学签订科研合作协议

如今,日兴抛光材料有限公司已经成为河南工业大学大学生实习实践基地和材料科学与工程学院产学合作创新基地(见图3-14)。因为有了和高校的科研合作,公司具有了更强的自我造血功能,不仅攻克了更多的技术难题,也极大地提升了自身的研发能力。

研发能力的不断提升为公司赢得了更多的客户,产品销售的范围越来越广,公司的效益越来越好。但技术工人出身的彭纪学深深地明白:作为消费品产业,唯有不断开发新产品才能满足日益增长的消费者需求,才能在竞争激烈的国内外市场中赢得优势。所以他对产品质量的追求近乎痴迷,他对技术创新的重视从

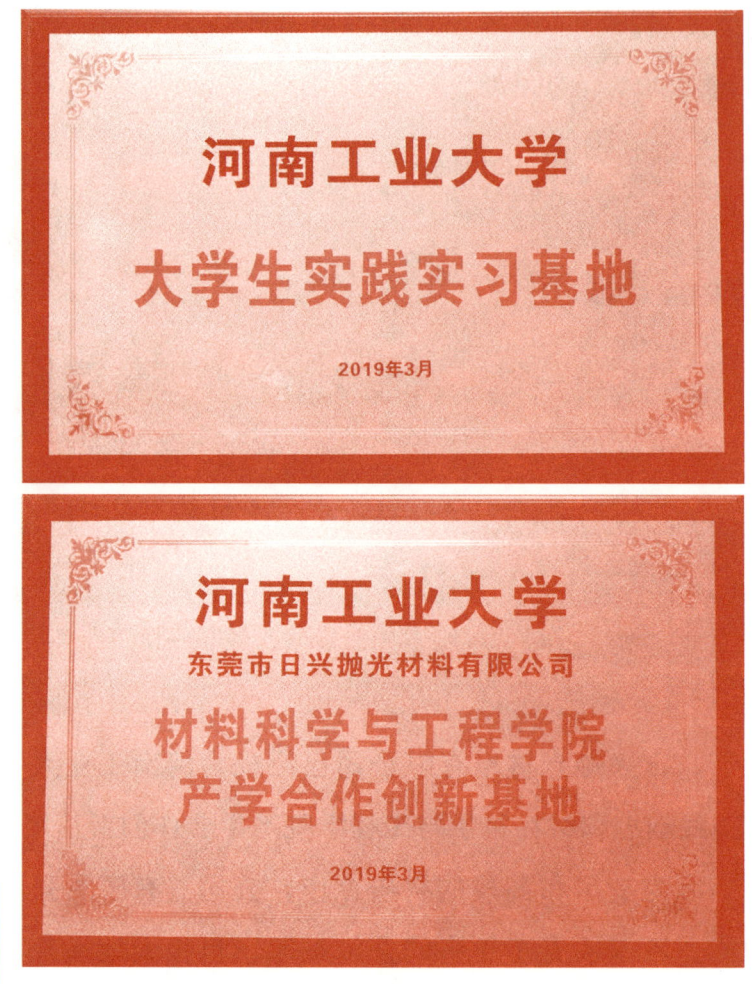

图 3-14　河南工业大学与日兴抛光材料有限公司合作

未放松,为此他每年都把公司利润的5%作为科研经费,用于新产品和新技术的研究开发。

为保证产品和技术跟上国际同类产品的水平,除了加强与高校合作共同搞研发外,公司还非常注重对世界先进技术的引进。

第三篇
奋勇追逐创业梦

近年来,韩国的美容化妆在亚洲乃至世界范围内异军突起。作为美容化妆的一个项目,韩国的美甲产品畅销全球,韩国美甲产品的技术领先世界。通过与韩国公司的精诚合作,公司产品技术水平不断提高,产品种类不断推陈出新,国内独家推出了全新一代亮甲器、脱毛器。这些产品精美时尚,操作简单,效果持久,而且环保健康,成为国内外美容首选佳品而倍受青睐,当前已经畅销美国、韩国等多个国家。

如今东莞日兴的美甲抛光产品已经远销世界各地,对此彭纪学自信地说:"当今,在美国使用的每100根美甲抛光条中,就有1根是我们工厂生产的。""身在国外,每次在商店、宾馆看到自己工厂生产的美甲产品,我内心的兴奋难以言表。"他的语气中充满自豪,为"made in China"而自豪。

中国制造的更多产品走向世界不仅是制造业者们的追求,也是中国经济发展和实现中华民族伟大复兴的必然。为了鼓励更多的中国制造企业,2017年5月2日,国务院将每年的5月10日设立为"中国品牌日",一个商业层面节日的出现,其背后不仅仅是营销,更是自主知识产权带来的消费升级以及国际市场的影响力。这个节日的设立将激励更多的企业创建中国品牌,也会有更多的中国品牌和产品大放异彩。在知识产权竞争日益激烈的国际市场上,唯有注重研发才能创新品牌,才能输出更多的"中国制造"。就这一点,我们有理由期待日兴抛光材料有限公司更美好的未来。

第五章 以客户为中心赢得市场

从一个名不见经传的小作坊发展成生产自动化、规范化程度不断提升的现代化企业,也许很多人都认为彭纪学是一个幸运的成功者,但在这种成功和幸运的背后,是立足自我创新搞开发的理念,是为客户而改变的法则。

传统的商品市场上,生产者和客户之间的关系往往是生产者有什么产品,客户就买什么。但是随着市场经济的不断发展,市场竞争更加激烈,客户资源的重要性逐渐凸显,企业被迫转变自己的经营思维,开始主动向客户靠拢。当今市场环境下,优秀的企业不是让客户被动地迎合自己的产品,而是主动围绕客户的需求改变和创新自己的产品,否则就只能被市场淘汰。曾经手机行业的畅销品牌诺基亚就是一个很好的例子。众所周知,诺基亚在很长一段时间内占据着全球最大份额的手机市场,但是随着新型技术的发展尤其是触屏技术的发展,客户对于触屏手机的需求日益增大,诺基亚没有做出及时的改变,依然坚持做键盘手机,结果很快被苹果超越，失去了市场，最终面临破产倒闭，如今属于诺基亚的时代已经成为过去。由此可见，一个企业只有时刻把握客户的信息，及时了解客户的需求才能够吸引更多的客户；围绕客户需求不断进行创新，才能够在瞬息万变、竞争激烈的市场中生存下来。

彭纪学深知这样的经营道理，所以他把业务拓展和公司发展的关键定位在围绕着客户的需求来进行产品研发和生产，这使公司赢得了越来越多客户的信任和青睐（见图3-15、图3-16）。当然，在和客户建立信任的过程中也不乏有趣的故事。

2014年10月，一个美国商人需要订购一批美甲抛光产品，为了买到称心如意的产品，富有采购经验的客户到日兴抛光材料公司考察后，并没有立刻下订单，而是在和彭纪学进行充分的交流沟通后就离开了，没想到十几天后这位客户又来到了公司，见到彭纪学后直截了当提出尽快签订合同。合同签订后，客户认真地问彭纪学："您想知道我为什么转了一圈还是选择了您的产品吗？"略作停顿后，他接着说："在竞争激烈的美甲产品市场上，我之所以选择您的产品，是因为您作为公司老板能够亲自参与产品的研发，这使我相信您一定有能力生产出我们想要的产品。"然后，这位客户又讲述了他第一次考察完公司之后10多天的经历。原来这位客户从日兴公司考察完之后，又继续考察了其他多家公司，既有大规模的工厂，也有小规模的作坊。经过一番细致考察之后，该客户才最后决定签约日兴抛光材料公司。这件事不

图 3-15　彭纪学和在客户交流

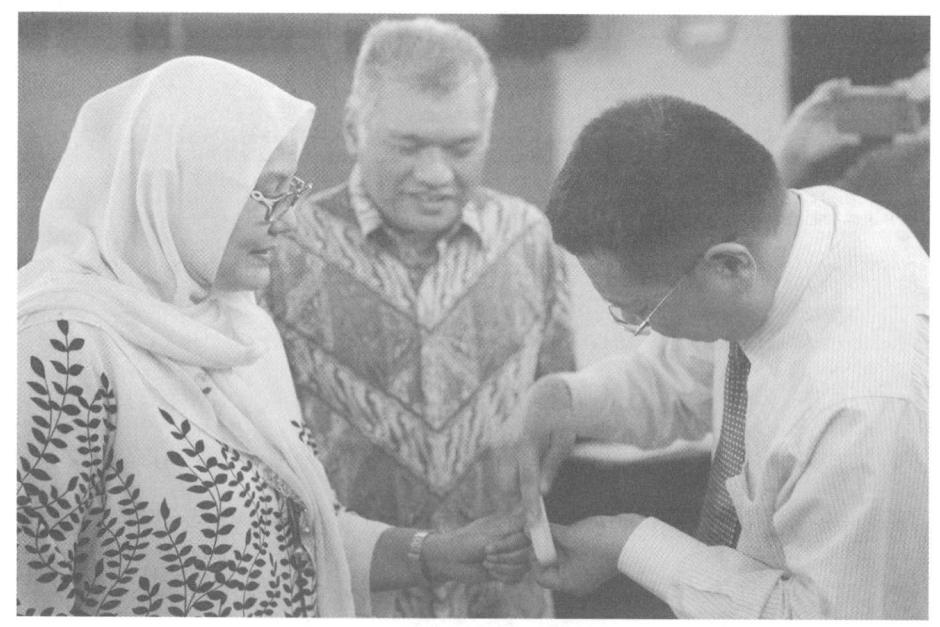

图 3-16　彭纪学为外商进行产品演示

仅更加坚定了彭纪学立足自身进行研发的决心和信心，也更加坚定了他的经营信念，那就是要想在美甲抛光材料生产的道路上走得更远，就必须根据客户的需求不断改进产品和创新技术，只有这样才能赢得客户、求得发展、立于不败之地。而要想根据客户的需求不断改进产品，公司就必须具备强大的研发能力。

正是因为彭纪学能够精准地把握市场，注重了解客户需求，并能够及时根据客户需求改进技术，日兴抛光材料有限公司赢得了国内外越来越多新老客户的青睐。历经市场的检验，如今日兴抛光材料公司的产品远销海外多个国家，在国内也成了行业的风向标和领头羊。彭纪学用创新的理念和永不懈怠的实践走出一条属于自己的成功之路。

从某种意义上说，日兴抛光材料有限公司取得的成绩就是一种顺应人心的成功。彭纪学始终把客户当成事业的轴心，围绕他们来转动，为客户而完善自己，为需求而不断创新，以此牢牢地将客户吸引住，既获得了信任，也赢得了市场。

麦当劳的创始人克罗克曾经说过这样一句话："我们做什么，或者不做什么，这都无关紧要，客户在想什么，客户想要什么，这才是最重要的。"这也许就是麦当劳在快餐业多年来独领风骚的秘诀。当然，克罗克的这句话也生动地说明了一个深刻的道理：随着市场的日益成熟，一个优秀的企业只有敏锐地洞察市场的变化，了解客户的需求，着力围绕客户需求进行大胆创新，才能立于不败之地。日兴抛光材料公司的成功证明了这是一条真理。

第六章 执着追逐"美"的事业

一、因执着而美丽

古希腊哲学家比阿斯说过这样一句话:"要从容地着手去做一件事,但一旦开始,就要坚持到底。"看似简单的一句话,说出来容易做起来却很难,尤其是在价值多元、需求多样化的今天,能够自始至终坚持做一件事更是难上加难。因此,企业尤其是大型企业进行多元化经营应成为常态。多元化经营又被称为多元化战略,所谓多元化战略是指企业同时经营两种以上基本经济用途的产品和服务的一种发展战略。从国内外许多著名的公司的发展历史来看,它们都经历了一个从单一业务到多元化的过程,并取得了成功。海尔的多元化战略堪称中国企业的成功典范。

1992年前,海尔用了7年的时间专业生产电冰箱,使"海尔"成为当时中国家电产业唯一的驰名商标。1992年开始,以青岛电冰箱厂为核心,合并青岛电冰柜总厂、空调器厂组建了海尔集团公司，其经营的行业扩展到电冰柜、空调类制冷家电产品，并成为中国的名牌产品。1995年，海尔集团收购青岛红星电器股份有限公司，大规模地进入洗衣机行业，其后通过内部发展开始生产微波炉、热水器等产品。1997年与莱阳家电总厂合资组建莱阳海尔电器有限公司，并进入小家电行业。同年海尔与西湖电子集团合资组建杭州海尔电器，生产彩电、VCD等产品。至此，海尔集团几乎涉足了全部家电行业。如今20多年过去了，海尔电器和格力、美的等品牌保持着国内家电三巨头的地位。海尔集团的成功证明了多元化战略对于企业发展的重要意义，有利于企业更好地利用闲置资金，并获取更多的利润。同时可以通过开发新产品或新市场分散企业风险、实现资源共享、产生协同效应，进而形成规模效益。但是利益总是和风险相随相伴，多元战略容易削弱企业原有经营的产业，造成资金方面及管理层注意力的分散，从而加大了失败的风险，现实中也不乏一些企业因为盲目追求多元化战略而陷入困境的例子。

社会的不断发展使市场需求逐渐多样化，多样化的市场需求促使一些企业或为了分散风险，或为了追逐利润，而选择了多元化战略。不管出于何种原因，对于企业而言实施多元化战略本无可厚非，但却有个别企业在实施多元化战略的过程中越来越背离公司的主业务，而且在新开辟的业务领域也没能实现预期目标，不仅无法实现多元化战略的目标，甚至由此使企业陷入困境乃至走向破产。

日兴抛光材料有限公司一路走来虽遭遇过波折，但如今客源稳定、效益良好，可谓是走出了一条属于自己的成功之路。公司效益好了，闲置资金多了，找上门来的项目也多了起来，面对身边亲朋好友希望公司实施多元化战略的建议，彭纪学有着自己的思考，也有着自己执着的坚守。每当有人过来推荐新项目，并动情地描绘着投资新项目的美好前景时，彭纪学只是微微一笑，淡淡地说："可口可乐一辈子都只在做饮料，苹果公司只做电子产品，麦当劳只做快餐，沃尔玛只做零售，这些企业看上去都很单调，但是它们的每一件产品或者服务都是经得起考验的，正是因为他们将自己的产品或者服务做到了极致的程度，所以才能成为国际级的大企业。我们甚至不能想象这些公司某一天去搞房地产或者去做其他业务会是什么样子。而我已经在抛光材料生产的道路上摸索了这么多年，只想把抛光材料不断创新，努力坚持做好，没有想去搞房地产或者股票。"这就是彭纪学的执着和坚持。少年时期，他不顾邻里的质疑坚持配制猪饲料和种植菠菜、香菜；青年时期，他放弃高薪坚定地创业；今天，虽然他有了一定的资金积累，但决不为其他火爆行业诱惑，执着地做着"美"的事业。

一分执着一分收获，经过20多年的用心经营，日兴抛光材料有限公司已经发展成为集产、供、销于一体的综合性公司，销售网络覆盖国内及海外多个国家和地区。诚如彭纪学所言："每一次去国外考察，都可以在商店和酒店看到自己的产品，内心的兴奋难以言表，我不仅为自己的公司自豪，还为更多地为'中国制造'自豪。"正是带着这样的民族情怀，他不忘初心，继续前行。作为中国抛光材料第一人，彭纪学希望能够乘着改革的春风，抓住"一带一路"的机遇，把这一行业做大做强。当然，他希望自己的产品不仅能销售到更多的国家，也希望更多的国人使用美甲产品。因为爱美是人的天性，而追求美则是人的一种生活态度，这种生活态度与国家的经济发展水平息息相关。在全面建成小康社会的征程中，随着我国经济发展水平的不断提升，国人的生活水平也不断提高，他坚信美甲在中国必将是一个朝阳产业。就像爱美的女人总觉得衣柜里的衣服永远买不够、护肤品化妆品永远买不够一样，美甲永远也做不够。爱美是女性的天性，也正是这颗爱美的心，让女性变得越来越有魅力。美甲其实不光使人们指尖变美了，更是使自信心得到了提升。图3-17、图3-18分别为彭纪学赴欧洲与印尼考察。

二、因坚守而美好

社会在发展，观念在改变，但彭纪学对"美"的坚守却没有变。如今，越来越多的爱美女性认为美甲所代表的女人味是任何化妆品都无法企及的。据说女人的等级以末梢来衡量，末梢越精致，女人就越有味道，手指甲、脚趾甲和头发并列为三大末梢，美甲就占了其中两个。一双玉手绝对能让女性特有的美散发得淋漓尽致，因此不少诗人曾经为玉手写过诗篇，将玉手和女人的重

图 3-17 欧洲考察

图 3-18 印尼考察

要性放在一起。唐朝诗人白居易在《三月三日》中写道："指点楼南玩新月，玉钩素手两纤纤。"宋代顾德辉则在《蝶恋花·春江暖涨桃花水》中写道："玉手佳人，笑把琵琶理。"可见一双美丽的手对于女性的重要性。

随着生活水平的不断提高，喜爱美甲的女性也越来越多，甚至不少爱美的男士也走进了美甲店。美甲需求的不断增大催生了美甲店如雨后春笋般出现在街头巷尾，美甲生意异常火爆，但美甲市场火爆的背后却隐藏着不少安全隐患，如美甲产品是否健康安全、美甲服务是否卫生等。一边是美甲行业越来越旺盛的需求，另一边则是对美甲安全的重重顾虑，所以美甲行业的发展不仅需要技术的不断改进，更需要理念的不断更新。公司理念的创新从某种程度上就是公司负责人的理念和追求，回顾日兴抛光材料有限公司的发展，处处承载了它的创办者彭纪学的理念和追求，这种理念和追求是一个成功创业者的必备要素，值得很多的创业者学习和借鉴。

时间如白驹过隙，转眼间日兴抛光材料有限公司已经走过了20多年的风雨历程，其中有挑战亦有机遇，有波折更有成就。作为国内美甲行业的领头羊，彭纪学有信心和勇气带领日兴抛光材料有限公司走向更美好的明天。

第四篇
理念推动企业发展

　　创业是一个热门的话题,也是创业者实现人生奋斗目标的一个过程。成功是创业者的追求,也是创业者的动力。创业成功取决于多个因素,其中优秀的创业理念是成功的秘诀所在。创业理念是企业在持续经营和长期发展过程中为适应时代要求,由企业家积极倡导的推动企业生产经营的精神所在和行为规范,它体现了创业者的知识素养和观念意识,反映在企业经营发展的过程中。创业理念是创业者自有的无形资产,也是企业发展的宝贵财富。创业理念虽无形,却可以转化为有形的效益,成为企业发展的动力。从初始创业到逐渐走向成功的今天,彭纪学都秉承着自己的创业理念:立身之本靠人品、追求质量重安全、谋求发展靠创新、顺势而为讲政治。如今这些理念已不仅仅是他个人的信念和坚守,而业已成为企业文化的重要内容和企业精神的重要体现。

第一章 立身之本靠人品

　　创新工场的开办者、董事长兼首席执行官李开复曾经说过这样一句话："真正成功的公司源于伟大的创业理念。"足见创业理念对于企业发展的重要性。历经多个岗位锤炼才走上创业之路的彭纪学深深地明白这一点，所以他一直坚守着自己认定的创业理念——立身之本靠人品、追求质量重安全、谋求发展靠创新、顺势而为讲政治。

　　香港商界超人李嘉诚曾经说过："人品是一个人的立身之本，遵守道德规范是经商的重要前提，也是为人处世的基础。要知道，德高才能望重，望重才能生财。"这句话既是成功企业家的经验之谈，也是对做人做事道理的深刻揭示。作为从贫困的大别山深处走出来的企业家，彭纪学一直深深地明白：自己没有足够的物质基础，又没有很高的学历，更没有特殊的人际关系，所以能够依靠的只有自己为人处世的功夫。常言说：为人处世是一门学问。在彭纪学的这门学问中包含的是：热心帮助他人、致富不

第四篇
理念推动企业发展

忘乡亲和积极贡献社会。

一、热心帮助他人

俗话说："人人为我，我为人人。"这话听起来似乎很简单，但人类世界有个规律，一些看似简单的话语实际做起来难度都很大。人类社会的发展深刻地说明了生存发展必须要合作，因为没有合作就意味着死亡，意味着种群的灭绝，所以人类自从诞生开始，在不断为利益而发起战争的同时也在为胜利而不断合作。在这个世界上，我们每个人都是与众不同的，各有各的能力、各有各的技能，你在这个问题上帮助了别人，而在另外一个问题上你也需要别人的帮助。所以，你今天帮助了别人，其实也是在帮助自己。

彭纪学在创业的过程中得到过很多人的帮助和支持，可谓"众人拾柴火焰高"。多年来，自己的努力加上他人的帮助成就了今天彭纪学的成功。帮助他一路走来的贵人有把他从干布车间调到包装车间的布料厂车间主任，把他从包装车间调到电控室的工厂老板，把他从电控室的一名普通工人推荐为领班的电控室车间主任，还有给他绝对信任、让他在不同岗位磨炼并在他创业时给予巨大人力和心理支持的台湾老板，等等。彭纪学在创业的过程中之所以能够得到这么多的支持，源于他的好人品。人品是个人品质外在表现的标志，是别人对你的一个衡量标准，好的人品不仅会让你得到周围人善意的对待，还能让你在做事的时候得到众人的帮扶。彭纪学作为一个成功的创业者，他的成功不仅源于他的踏实肯干、聪明智慧，还源于他热心助人的为人之道。因此，好人品是一个人最宝贵的财富，是最硬的实力，是成功的保证。

年少时，彭纪学家境贫寒，三弟身患重病使本就贫困的生活更是雪上加霜。为了帮家庭走出生活困境，他通过钻研书本研究出了猪饲料的配方，但他没有独享这份成果，而是把配方分享给村民，从而使很多人家养猪的效益得到极大提升，从一定程度上帮助村民改善了生活状况。他经过认真钻研，成功种植出了菠菜和香菜，虽然在寒冷的季节里市场上新鲜蔬菜价格不菲，但是彭纪学并没有把全部蔬菜都拿去市场出售，而是招呼村上的乡亲们到地里拔菜吃。乡亲们在物资匮乏的季节里吃到了新鲜的青菜，直至现在一提到那个冬天，乡亲们的心里都还是暖暖的，彭纪学从小乐于助人也一直在村民中传扬。

后来为了生活，彭纪学来到了广东，他先后在不同的工厂务工、在不同的岗位历练，不管在哪个部门、哪个岗位，彭纪学给人留下的最深刻印象都是总能把别人的事情当成自己的事情做。从普通工友的生活琐事到工厂大小事务，只要他能够做的，他都不遗余力去做。正是平时的"我为人人"，在关键的时刻成就了"人人为我"。在工厂务工期间，彭纪学总能被人赏识和认可，并不断升职；创业期间，每当需要帮助时，朋友们总会伸出援手，帮他找资源、想办法，使他一步步走向了成功。每当说到这些，彭纪学都会由衷地感叹：人们之间总是相互的，我帮了你，你帮

第四篇
理念推动企业发展

了他，他又帮了我，在相互帮助中成就了社会共有的缘分。这也应验了美国著名作家埃·哈伯德的一句名言："帮助自己的唯一方法就是去帮助别人。"但是如此简单的道理却有很多人不懂，更不会去做。试看现在商场上为了谋求成功而竭尽全力的人，大多都是为了个人私利，他们花很多时间绞尽脑汁思考如何打垮对手赢得财富，甚至为此目的不择手段。这样的人也许在短时间内能够得到让人羡慕的暴利，但是他们最后的下场却往往是凄惨的，所以并不能算是一个成功人士，也算不上是一个聪明人，因为成功和聪明永远不能仅靠钱财来衡量。彭纪学一直坚持认为：成功的人应该有成功人的美德和情操，其中最重要的就是乐于助人。欠缺这种美德和情操，就不算成功，就不会快乐，那么最后就会"穷"得只剩下钱了。

中华民族是礼仪之邦，中国人向来留给世人的最深刻印象就是彬彬有礼和诚实守信。身在竞争激烈的商海，也许很难保证每个人都能做到这些。但作为一个商人，彭纪学在商场闯荡多年，不管是当年作为一个打工者还是后来成为一名企业家，不管是为人处世还是对待生意伙伴，不管是个人道德还是生意法则，他都从来不做损人利己之事，而是处处热心助人，因为他深深地懂得：只有乐于助人、凭着良心做人做事，才会真正地开心快乐，这绝非钱财可以买到的。正是这样朴素的理念支撑着他一步步走到今天，收获了事业的成功，也收获了众多的朋友。每每与他交谈，我们都会被他的坦诚和热情所感染。彭纪学打破了很多人常说的"有钱就变坏"的惯性思维，他无疑是这个时代成功创业者的典范。

二、致富不忘乡亲

"天边飘过故乡的云，有个声音不停地召唤，归来吧……"华裔歌手费翔的这首《故乡的云》曾牵动过无数游子的心。故乡轻轻飘过的云和那微微吹来的风总叫人不能忘怀，总能引起人的无限情思，这是因为故乡是每个人情感的归宿。屈原被逐出国，遥望故乡而高唱："鸟儿返故乡兮，狐死必首丘。"杜甫漂泊异乡，挥笔别弟而吟道："露从今夜白，月是故乡明。"近代诗人彭邦祯，面对明月而深沉地写道："低头看水里，抬头看天上，望月亮，思故乡……"这些诗句毫无例外地抒发了游子对于家乡的情感。诗人思乡，我们也一样，尤其是对于常年在外打拼的人，故乡更是内心的归宿、情感的归属。彭纪学十几岁离开家乡，怀揣梦想南下闯荡，打拼多年如今功成名就。由于工作繁忙，彭纪学回家的时间并不多，但是对家乡的那份情愫却始终未变。

大别山是彭纪学的家乡，即便离家多年，他也一直深深地眷恋着那片土地以及生活在那片土地上的父老乡亲。家乡有山有水，有勤劳的父老乡亲，但是由于大山深处交通不够便利，即使改革开放的春风已渐渐吹向全国，可家乡依然贫穷落后。身在繁华都市的他每次回故乡，望着青山绿水，看着依然日出而作日落而息的村民，他都在思索着如何改变家乡的贫困面貌，让父老乡亲们享受到国家发展的成果，过上便利幸福的生活。

然而，位于大别山深处的家乡道路崎岖、条件艰苦，不仅严重影响了村民出行，还制约着当地经济的发展。俗话说："要致富，先修路。"彭纪学坚信这句话所揭示的真理——只有修通公路，才能打开通向外面世界的大门，村民才能看到大山外的世界，才有机会走出大山，才能摘掉贫困的帽子。为此，他先后多次为家乡捐资修路。如今，曾经交通闭塞的家乡已有了走向外面世界的道路，改革开放的春风沐浴着曾经贫穷落后的小山村，人们或外出务工经商，或在家乡创业奋斗。"一分耕耘一分收获"，经过这些年的辛勤劳动，村民们逐渐富了起来，不少人家里建起了楼房，买起了汽车。在物质生活不断改善的同时，村民文化生活也不断改善，早晨和晚上人们汇聚在村里的小广场跳起了广场舞，欢快的舞曲伴着轻快的舞步，跳出了大别山深处人们的幸福和快乐。

树高千丈，根在家乡。一个人无论走到哪里，无论做什么工作，甚至无论地位多显赫、财富多丰厚，究其始，都是从故乡出发的。所以，无论何时，无论何地，只要家乡需要，彭纪学都会尽心尽力，这是一种游子情怀，也是一种真情回报。

三、积极贡献社会

一个优秀的企业家，应该具备社会责任感，应该将身上肩负的社会责任放在重要的位置。一个企业家只有具备社会责任感，才能很好地处理企业内部的关系以及企业与社会的关系，才能够将企业更好地融入社会中。没有社会就没有企业的成功，企业成功了自然要回报社会。一直以来，彭纪学坚信就一个国家而言，一人富不是富，大家富才是真的富。作为乘着改革开放春风先富起来的人，他始终对党和国家充满感恩之情，始终认为作为一名新时代的企业家，理应担当起回报社会的责任。所以，彭纪学始终以一名优秀企业家的社会责任感，尽其所能地积极贡献社会、回报社会。图4-1为彭纪学助贫捐款。

图 4-1　彭纪学助贫捐款

"炫富"是一个很流行的词,也是2007年8月教育部公布的171个汉语新词之一。曾有学者说,"这是一个炫富的时代"。炫富即炫耀、夸耀财富或富有,甚至有人通过炫富的方式获取公众的关注。炫富成为一种时尚,是因为不少人认为钱是我自己挣的,我爱怎么花就怎么花,与他人以及社会都无关,所以穿名牌衣服、坐名牌轿车、喝高档酒、抽名牌烟、住高级宾馆成为理所当然。

随着社会经济发展水平的不断提升,适当享受生活本无可厚非,但以炫富的心态奢侈堕落地生活不仅容易丧失志气,也浪费了社会资源。诚然,炫富者的钱是自己挣的,但是资源却是属于全社会的。在改革开放政策的激励下,的确有一部分人受益于政策,依赖于个人的努力成了先富起来的人,但是我们还没有实现共同富裕,我们国家还有很多人生活在贫困线下,因此实现共同富裕仍然任重而道远。拥有财富的人如果能担当先富带动后富的社会责任,就能收获"赠人玫瑰手留余香"的幸福,这是一个有担当的企业家应有的胸怀。

彭纪学始终认为是好的时代和国家的政策使自己这个农家子弟一步步走到了今天,对此他总是怀有感恩之心,并始终希望能够帮到更多的人,以回报这个时代和社会。所以事业成功之后的他依然过着非常俭朴的生活,不抽烟、不喝酒、不追求名牌,他的生活低调而简单,不炫富,也从不奢侈浪费。就此而言,我们可以说彭纪学对于自己的生活极其克制,但在贡献社会帮助他人时，他却慷慨解囊，积极主动。

积极进行扶贫济困。作为改革开放以来先富起来的人，彭纪学一直感激这个伟大的时代和国家的好政策，作为一个有着强烈社会责任感的企业家，他始终把扶贫济困作为回报社会和带动后富的重要方式，多年来参与数次各种各样的扶贫济困活动（见图4-2）。

积极投身于残疾人公益事业。残疾人由于身体原因而无法像健康人那样生活和工作，他们是社会的弱势群体，理应得到社会的理解和帮助，所以从某种意义上说，帮助残疾人是爱心的体现，也是履行一个健康人"义务"的体现。近年来，随着公司业务逐渐走上正轨，彭纪学开始更多地关注残疾人这个弱势群体，并多次为他们提供各方面的帮助，但具体到帮助残疾人的细节，彭纪学并不愿意多讲，他只是淡淡地说："帮助残疾人不为名，也不为利，我只是发自内心的想帮助这些需要帮助的人而已，所以不愿意张扬，也不愿意宣传，只想默默地努力而为。"他朴素的话语、淡淡的语气感染着我们，唯愿这种默默的关怀让更多的人感受到温暖，也希望这种持久的努力能够感染更多的人投身到残疾人公益事业中去。

除了积极参与残疾人公益事业，彭纪学还参加了一些其他的社会团体组织，如广东叶剑英研究会等社会团体和公益组织。通过参与这些社会团体组织，他拓宽了个人眼界，同时他积极为多个社会团体组织举办的活动捐钱捐物，为社会团体组织的发展以

第四篇
理念推动企业发展

图 4-2　参与扶贫济困活动

及先进文化的传播做出了自己的贡献（见图4-3）。

如今，事业发展顺风顺水的彭纪学有了更多的时间参与社会公益活动，也有了更强的实力为公益事业贡献自己的力量，但他从来不愿意多谈这类问题，每当被问到这些问题时他的回答也是淡淡的，觉得自己做这些事情是理所应当的，不需要太多强调，更不需要宣传。正是他的这种淡然让我们能够更深刻地感受到一个企业家的社会责任和担当。

马云曾经将创业的人分为三类，第一类是生意人，这类人只要有钱挣就什么都会去做，盈利是他们的第一目标。第二类是商人，这类人擅长投机和投资，能够把握机会，知道有所为有所不为。第三类人就是企业家，这类人以社会利益为先，具有社会责任感和使命感。如果按照这种分法，彭纪学毫无疑问是一个企业家，他把个人创业与中国"美"的事业融为一体；他努力经营企业不断创造利润，同时积极投身社会公益事业，尽其所能回报社会；他用实际行动向我们展现了一个企业家应有的社会责任感。

第四篇
理念推动企业发展

图4-3　广东省叶剑英研究会会长陈弘君向彭纪学颁发荣誉证书

第二章 追求质量重安全

爱美是人的天性，健康的美着更是所有爱美女孩的追求。如今，美甲行业蓬勃发展，美甲店如雨后春笋般地出现在大街小巷，美甲业已成为爱美女性的必然选择。一方面是美甲行业的蓬勃发展，另一方面则是美甲产品质量的参差不齐。美是追求，但是冒着危害健康的风险去追求美却不是人们所愿意接受的，尤其是随着人们安全健康意识的逐渐增强，选择安全健康的美甲产品是大势所趋，也是美甲产业健康持续发展的关键。

技术工人出身的彭纪学一直把质量视为企业的生命。美甲产品直接用于人体，安全健康自然至关重要，因为只有安全健康的美甲产品才会被人们接受，才能在竞争日益激烈的美甲产品市场中立于不败之地。追求产品的质量安全不仅是对消费者负责，也是对企业的发展负责。秉承这样的理念，公司自成立以来一直坚持把质量安全放在第一位。作为东莞市日兴抛光材料有限公司的掌舵人，彭纪学多次表达了对于产品安全的重视，那就是"不计成本，安全第一"。

要保证美甲产品的安全，必须保证原材料的质量。在商言商，一分价钱一分货，为了保证原材料的质量，彭纪学必须支付高昂的成本。在成品市场价格既定的情况下，原材料成本的增加就意味着企业利润的降低。作为企业家，彭纪学自然要考虑企业的利润，但为了确保产品质量的安全，他宁愿降低产品的利润空间也要坚持购买价高质优的原材料。为此，他说"做企业自然希望利润空间越大越好，但是追逐利润不能以牺牲产品质量安全为代价，否则这个企业不管曾经怎样辉煌都会破产倒闭。"也许企业家都知道质量安全是企业的生命，但偏偏有些人在追逐利润的过程中背离这个底线，最终走向了穷途末路。曾经辉煌一时的三鹿集团就是一个典型案例。三鹿集团的前身是1956年由18家饲养户共45名社员在河北石家庄组织起来的"幸福乳业生产合作社"。1960年，合作社有了奶牛场、奶羊场，后几经更名，成为石家庄市最大的奶牛养殖场。1973年，通过技术攻关，成功研制了完整的奶粉生产线，使奶粉生产量翻了一番，同时奶粉质量显著提高，企业得到极大的发展，同年，奶牛场更名为"石家庄奶牛场"。1980年，企业试制生产的强化麦乳精、颗粒麦乳精产品畅销全国20多个省市，"三鹿"成为全国关注的品牌。1983年6月，其成为母乳化奶粉的试点企业之一，同年11月，实验取得成功并生产出了合格产品，企业被列为原轻工部"母乳化奶粉"的定点生产企业。母乳化奶粉后来很快地发展成为三鹿的支柱产品，它的试制成功为三鹿事业的发展奠定了基础。1993年，三鹿奶粉的产销量已经跃居全国第一位。1996年，石家庄三鹿集团股份有限公司正式成立，并逐渐发展成为国家的龙头企业。2006年，三鹿集团位居《福布斯》杂志评选的"中国顶尖企业百强"乳品行业第一位，三鹿的不少产品成了"国家免检"产品，奶粉产销量连续15年保持全国第一，并成为中国航天乳饮料唯一生产企业。

就是这样一个有着50多年发展历史的国内乳业生产的龙头企业，2008年初开始陆续接到消费者投诉其生产的乳制品中含有对人体有害的物质（三聚氰胺）。9月中旬，全国开始大量出现因食用三鹿生产的乳制品而产生副作用的消费者。在强大的市场冲击下，老牌乳制品企业——三鹿集团于2008年12月24日被石家庄中级人民法院正式做出破产裁定，宣布其破产。乳业巨头因为质量问题而破产让我们唏嘘和感叹，也让我们深刻地认识到：创建一个品牌需要几年甚至几十年的时间，但是毁掉一个品牌却是瞬间。三鹿的破产深刻诠释了"质量就是生命"的真谛。

为保证产品的安全，彭纪学严把入口关和出口关。入口关把的是原材料质量，出口关把的是产品质量。为了把好入口关，公司严格规定原材料的标准，确保使用的都是安全可靠的材料。为了把好出口关，公司严格管理生产的过程，并在成品检测方面制定严格的标准，决不允许不合格产品供给客户、流入市场。

第四篇
理念推动企业发展

正是因为一直秉承着追求质量重安全的创业理念，日兴抛光材料有限公司赢得了越来越多客户的信赖，业务量逐年增加，并逐渐成了国内美甲行业的标杆企业。

第三章 谋求发展靠创新

按照创新理论鼻祖熊彼特的观点,凡是引入新产品、引用新的生产方法和工艺、开辟新市场、获得原材料或半成品的新供给来源等都是创新。创新对提高产品质量,实现产品多样化战略,具有不可忽视的作用。同时,也只有通过创新,才能形成企业独特的品牌优势,才能不断适应经济发展的要求。在知识经济时代,企业只有依据市场变化,不断调整产品结构,提高技术水平,推陈出新,才有可能在激烈的竞争中立于不败之地。从这个意义上说,创新是企业生存和发展的必要前提,是企业生命力的不竭源泉。

回顾日兴抛光材料有限公司的发展,企业之所以能够在竞争激烈的市场中站稳脚跟并逐渐成为行业的风向标,能够得到采购商的青睐并留住客商,源于不断地创新。日兴抛光材料有限公司的创新主要体现在以下几个方面:

首先,体现为产品的转型。公司最初的产品是打磨家具的砂纸,随着家具生产技术的革新,传统的砂纸市场极度萎缩,日兴抛光材料有限公司因为产品没有市场而濒临倒闭。"变则通",从打磨砂纸到美甲抛光产品,产品的转型使企业从濒临倒闭的窘况走上了阳光大道。

其次,体现为产品技术的创新。时代在不断发展,人们对美的追求更为强烈,对产品质量要求也更为苛刻。为满足客户的不同需求,公司不断进行技术创新,不仅使产品质量不断提升,外形也更加美观(见图4-4、图4-5)。在竞争激烈的美甲用品市场中,日兴抛光材料有限公司之所以能够一枝独秀,得到国内外新老客户的信任和青睐,就是由于技术的不断创新。

图4-4 人体美容用品

图 4-5　工业抛光产品

最后，体现为设备的更新换代。2000年前后国内工业化和信息化的融合（俗称"两化融合"），使很多依靠劳动力来完成的工种逐渐被工业机器人等自动化设备替代。自动化设备提高了生产效益和产品质量，降低了产品成本，是企业在竞争激烈的市场中赢得胜利的重要保障。为此，日兴抛光材料有限公司投资1000万元从韩国采购了一台当时世界上最先进的现代化装备，该装备1个小时的产量相当于100名工人10天的产量，可谓极大地提高了生产效率。随着技术更新换代的不断加快，日兴抛光材料有限公司的设备也历经多次更新，尤其是彭纪学在已有设备的基础上进行了有效改造，从而拥有了一台世界上独一无二的自动化生产线设备（见图4-6、图4-7），不仅大大提高了生产效率，也使产品性能更加稳定。

第四篇
理念推动企业发展

图 4-6　彭纪学自己设计的生产线

图 4-7　最新的全自动生产线

企业的创新很大程度上取决于决策者的创新思维,彭纪学就是这样一位具有创新思维的企业家。回顾彭纪学的成长,创新一直根植于内心、落实于行动。青春年少时,他研究猪饲料的配方,尝试菠菜、香菜的种植;打工期间他立足自身岗位,不断探寻提高生产效率和解决管理、技术难题的方法;创业初期,他独自闷在铁皮房里搞研发,突破了一项项技术难题;技术研发遇到瓶颈后,为了谋求更大的技术突破,他与科研机构进行合作,攻克了一个个技术难关;后来,随着市场供需情况的改变,他开启了根据客户需求不断改进创新产品的模式……一步步成长,都是他创新思维的生动体现;一张张专利证书(见图4-8),都是他创新精神的有形载体。

图 4-8　部分专利证书

第四篇
理念推动企业发展

格力电器的董事长兼总裁和法定代表人董明珠曾说:"中国需要通过自主创新掌握核心技术,而不是靠买别人的技术,只有这样中国企业才能在国际市场打出自己的品牌,赢得世界的尊重。"作为世界500强和中国空调界"大哥"格力的掌舵人,在家用电器激烈竞争的国际国内市场上,要想立于不败之地打出自己的品牌并赢得尊重,唯有自主创新掌握核心技术,这既是董明珠多年掌舵格力的经验之谈,也是一位优秀企业家对于竞争市场的准确把握。彭纪学及其所创立的日兴抛光材料有限公司正是通过自主创新掌握了美甲核心技术,从而书写了属于自己的辉煌,创出了自己的品牌,赢得了客户乃至同行的尊重,成了国内美甲行业的风向标。

第四章 ▶ 顺势而为讲政治

一个时期以来,企业家该不该讲政治这个问题,引起了许多热议,着实让人诧异。虽有企业家"在商言商、莫讲政治"之语,但是否有些嘲讽的意味?大凡成功的企业家,哪有不懂政治、不讲政治的?

亚里士多德说过:"人是一种天生的政治动物。"人类的经济活动和政治活动不过是人与人社会关系的两个必然联系的层面。从系统原理上讲,小到家庭,大到世界,政治关系无处不在,且成为经济系统运行的环境。试想,一个不懂政治环境的企业经营者,就像"盲人骑瞎马"一样,能做好企业吗?想当好企业家恐怕更是奢望了。

孙中山也曾说:政为众人之事,治为管理,所谓政治就是管理众人之事。众人之事,自然和每个人息息相关。我们建设什么样的国家,我们想要什么样的生活,我们需要什么样的空气和食物,这些都是政治。如果没有人关心和谈论政治,我们将永远生活在一个糟糕的世界上，没有一个人、一个企业能逃脱悲惨的命运。所以企业家不可能脱离政治而取得发展，企业家也不可能脱离政治而获得成功。

阿里巴巴创始人马云曾经说过这样一句话："中国企业家不懂政治，就做不好经济。"诚如斯言，经济与政治从来都是如影随形。列宁有句名言："政治是经济的集中表现。"可谓是一言中的，充分揭示了政治与经济的关系。企业家关注的是经济，但也一定要懂政治、讲政治，否则就无从发展。

当然，这里的政治不是有些人所理解的权术，也不是狭隘的意识形态、血腥、革命、暴乱、运动，而是对制度的遵守、对国家的热爱、对社会的担当、对国家经济发展战略大局的把控、对气节的坚守、对文化的传承以及对道德的尊崇。一直以来，彭纪学做企业坚持做到顺势而为讲政治，始终让个人的成功、企业的发展与国家大政方针相一致、与国家法规制度相符合，从而抓住了改革开放的良好机遇，顺利成长为一名新时代的实业家。而他也曾经多次感慨，自己之所以能够在每一个人生的关键时刻把握好方向，源于对政治的敏锐把握和对政策的准确理解。

对于中国的企业来说，当前必须要关注的是"一带一路"倡议。"一带一路"是"丝绸之路经济带"和"21世纪海上丝绸之路"的简称。"一带一路"旨在借用古代丝绸之路的历史符号，高举和平发展的旗帜，积极发展与沿线国家的经济合作伙伴关系，共同打造政治互信、经济融合、文化包容的利益共同体、命运共同体和责任共同体。"一带一路"倡议意味着我国对外开放实现了战略转变，这一构想引起了国内和相关国家、地区乃至全世界的关注和强烈共鸣，也给中国企业带来了新的机遇和挑战。"一带一路"倡议是由成千上万家走出国门的企业来具体实施，这意味着我们的企业有更多的机会"走出去"，对于具有自主创新能力和风险控制能力的企业来说，这是机遇。但是，伴随着预期回报的增加，风险也必然会增加，如果不能做好风险控制，企业就有可能受到巨大的损失，这对于企业来说就是挑战。面对"一带一路"，唯有迎接挑战以抓住机遇，这就需要企业必须按照代表"一带一路"企业的要求，积极进行技术改造、研发投入、品牌塑造等，以期在"一带一路"倡议的框架内有更好的发展。对此，彭纪学有着自己的思考，那就是走出去。说到这个话题，彭纪学是侃侃而谈。他说，"一带一路"给企业的发展带来了更多地走出去的机会，作为一个企业必须走出去，只有这样才能融入世界经济，才能让世界看到更多的"中国制造"和"中国创造"。从彭纪学坚定的话语中，我们看到了中国企业更加美好的未来，我们衷心祝愿日兴抛光材料有限公司能够像它的名字一样，乘着"一带一路"的东风日益兴盛！

　　如今，彭纪学可谓是功成名就，但关注国家政治和经济发展形势已成为他的习惯。他坚持每天看中央电视台新闻联播、积极学习法律法规、参加各种培训班、尽力参与社团活动。在多年的坚持中，他不仅增强了政治意识，还学到了知识、增长了见识、拓展了思维，为企业发展和决策提供了思路、指明了方向。就在这种良性互动中，彭纪学和他的公司一步步成长和发展。

也许关于企业家是不是要讲政治的讨论还会继续下去，也许仍旧会有一些所谓的企业家只关心自己的企业是否盈利以及盈利多少。但我们无法否认，作为一个有责任感的企业家、一个想带领企业走得更远的企业家，理应了解国家的大政方针和法律制度，理应把自己的事业和国家、民族的发展联系在一起，否则他就没有大的发展。在中国，但凡做得好的企业都是讲政治的企业，成功的企业家都是懂政治的企业家。曾被浙商疯狂热捧的浙江工商局原局长郑宇民曾说过："我们这样一个国度，这样一个执政条件，企业家离开党的领导，离开政策，你就是盲人骑瞎马。"据说浙商有一个22条规定，其中第一条就是：每天看新闻联播。这足见企业家不能只关心利润，还必须讲究政治。只有这样，企业才能不断成长并得以持续发展。

第五篇
信心满怀创未来

在实现中华民族伟大复兴的中国梦的感召下，我们都在编织着属于自己的美好梦想。作为一个在商海搏击多年的企业家，彭纪学有着自己对未来的规划：抓住全面深化改革的机遇，借着"一带一路"倡议的东风，把"美"的事业做得更好，创造出中国的美甲品牌，赢得世界的尊重。为此，他计划着在不久的将来，有一家更现代化、规范化的工厂，有一个更强有力的团队，自己的产品能够被更多的消费者接受和使用，有国外的工厂和仓库。他相信只要努力，在不久的将来所有的梦想都可以实现。

第一章 加强企业硬件建设

随着我国经济发展水平的不断提升,人们的生活水平也不断提高,对美的追求也越来越强烈,与美相关的产业必将迎来更美好的春天。据彭纪学介绍,当前公司产品经常出现供不应求的现象,这更坚定了彭纪学对美甲产业的信心,也使他对未来的发展充满无限的憧憬和期待。尤其是在中国梦的感召下,在"一带一路"推动下,他决心以更大的激情努力把企业做大做强。

企业的硬件是指公司外部看得见、摸得着的有形载体,具体硬件主要包括厂房、办公楼和生产设备等。企业的硬件设施是企业发展的物质基础,所以加强企业硬件建设是做大做强企业的前提条件。

生产设备的好坏决定着生产效率和产品性能,一直以来彭纪学都非常注重设备的引进和改进。建厂之初,公司便采购了当时最先进的设备,但由于当时整体技术水平不高,生产线以手工操作为主,效率比较低,产品性能也不够稳定。为此,善于钻研的彭纪学开始琢磨着怎样对设备进行改进。功夫不负有心人，经过多次改进，设备性能有了很大提升。

技术发展日新月异，第一代设备虽历经改进，但也很快落伍了，为此公司又派人先后去韩国、德国采购了最先进的设备。新设备各方面性能更好、更稳定，但也无法满足全部的需要，于是彭又继续琢磨着怎样进行设备改进。经过多次尝试，他终于成功改造出了世界上独有的自动化生产线（见图5-1）。这条生产线不仅把工人从机器旁解放了出来，而且设备可以日夜不停地运行生产，自动化生产线一个小时即可以生产出之前一天的生产量，极大地提高了生产效率；同时稳定性也更高，产品合格率大大提升。图5-2为展厅部分产品，图5-3为彭纪学介绍美甲产品。

图5-1　同行业唯一的自动化生产线

图 5-2 产品展示厅部分产品

图 5-3 彭纪学在介绍美甲产品

第五篇
信心满怀创未来

作为一名求真务实、注重研发的企业家，彭纪学向来注重对先进生产设备的引进和改善，在日兴抛光材料有限公司的仓库里，陈列着不同时期采购的最先进的生产设备。如今，这些设备或者因太过陈旧而不再使用，或者因技术落后而被淘汰，虽然已经不再轰鸣在生产的一线，但它们见证了日兴抛光材料有限公司的发展，也记录了公司不断追求卓越的历程。

除了不断改进生产设备，日兴抛光材料有限公司也在不断改建和扩建厂房。经过认真规划，现已形成两个具有相当规模的工厂。两个工厂分别设有生产车间、包装车间、产品展示厅、仓库和办公室，一个工厂用作生产人体美容用品，另一个则用来生产工业抛光用品。两个工厂虽然分工不同，但都安排得井井有条，车间里机器运转着、工人忙碌着（见图5-4、图5-5），仓库里即将发往世界各地的货物整齐排列着……

图 5-4 工人在打包货物

图 5-5 加工美甲产品

第二章 提升公司软实力

企业软实力是与企业硬实力相对应的企业生存发展的软性竞争力，是企业为了在竞争中获胜，不断挖掘企业潜能以提升企业的综合竞争力的能力。企业的软实力主要包括三个方面：企业文化、企业形象、企业创新能力。

一、企业文化

企业文化是企业的灵魂，是企业核心竞争力的重要组成部分，是企业软实力的核心。赵磊在《一带一路：中国的文明型崛起》一书中说："五年的企业靠产品，十年的企业靠技术，百年的企业靠文化。"简单的一句话，生动诠释了企业文化在企业持续发展中的重要作用。企业文化是企业在长期的经营实践中所创造形成的具有本企业特色的精神，只要是有经营活动的企业，就有自己的文化。优秀的企业文化对于企业的发展极其重要，它可以带动企业的健康发展，调动员工的工作积极性，为企业效率的提高注入新的力量，并进而提升企业的竞争力。

　　21世纪，随着知识经济和经济全球化的发展，企业之间的竞争越来越表现为文化的竞争，企业文化对于企业生存和发展的作用越来越大，它所具有的强大凝聚功能、导向功能、激励功能、约束功能和辐射功能，成为企业竞争力的基石和决定企业兴衰的关键因素。纵观成功企业的发展史，无一例外的都有着深厚的文化的沉淀。济南九阳电器有限公司的企业文化是"人本、团队、责任、健康"。在企业文化的引导下，九阳公司尊重员工需求，注重发挥挖掘员工潜能，激励他们融入团队，从而使公司爆发了巨大的能量。同时，公司的价值观是做有责任感的企业，企业不仅要对员工、消费者、合作者与社会负责任，也倡导每一位员工争做有责任感的人，从而致力于生产保障健康的产品，拥有健康的机制，保证企业的长期生存和发展。正是在优秀企业文化的激励和引导下，九阳电器在竞争激烈的电器市场赢得了自己的一席之地。海尔的企业文化内涵也非常丰富，它的核心价值观是"是非观——以用户为是，以自己为非；发展观——创业精神和创新精神；利益观——人单合一双赢"。正是本着以客户为本的创业和创新精神，海尔集团把以人为本和公司利润融为一体，使之成为家用电器市场的领跑者。成功企业注重文化建设的现实证明了"三流的企业看业绩，二流的企业看管理，一流的企业看文化"这句话的真理性。

　　成功的企业需要优秀的企业文化，而优秀的企业文化需要一个沉淀的过程。日兴抛光材料有限公司经过多年的发展，逐渐形成了自己的企业文化。

一是以客户为中心，赢得客户的信任和青睐。企业以盈利为主要目的，没有客户盈谁的利？企业能不能盈利，有没有客户是关键。因此企业经营活动要以客户为中心，做到让客户满意。从一定意义上说，以客户为中心是企业存在的根本理由，甚至是唯一理由。彭纪学深刻地明白这一道理，所以一直以来公司的经营理念都是以客户为中心。产品研发围绕客户，不断根据客户的个性化需求进行改进；完善售后服务，认真对待客户提出的意见建议，注重收集客户反馈信息，等等。这一系列举措赢得了客户的信任和青睐，使公司的客户源源不断，这是日兴抛光材料有限公司生意兴隆的源泉。

二是关心员工，制定以人为本的管理制度，营造拴心留人的企业氛围。广州大彭电子商务有限责任公司的执行董事彭亚辉说过："一个企业的成功不仅仅是靠偶然的运气，更多的是靠团队的努力，靠员工对公司的奋斗，正是这些因素使公司可以做强做大。"可谓一语道出了员工对于企业发展及其成功的重要性。员工是企业的基础、是企业成功的关键、是企业发展的需要。因此只有关心员工，并让他们在单位找到成就感、归属感，才能调动工作的积极性和主动性，才能使他们自觉地为企业的发展尽心尽力，企业才能在竞争中发展壮大。一直以来，彭纪学都非常注重对于员工的人文关怀，尊重他们的意见和建议，关心他们的疾苦，并注重调动他们工作的积极性和主动性。员工或者其家人生病住院，同事之间慰问探望；员工过生日，公司发个小红包或者送个小礼物；员工在工作中出了差错，领导不是批评或者克扣工资，而是和他们一起找原因，研究解决办法；大胆鼓励员工改革创新，对有突出成绩者给予奖励；订单实行包干，对于提前完工且产品合格率高的团队，拿出订单价款的一定比例作为奖励；而且从不拖欠工资，甚至常常提前发放工资；炎炎夏日，工厂冰箱里放满消暑的糖水和水果；一年四季，工厂备有充足的常用药品。相关激励员工、温暖员工的制度和做法，营造出了拴心留人的氛围，使员工在公司找到了归属感和成就感。所以除非特殊情况无法再继续工作，绝大多数的员工都在公司一干就是十几年，甚至一些员工是一家几口人都在公司做事。工作稳定、收入颇丰，员工们大多在虎门买了房和车，生活幸福美满。

彭纪学关心员工，员工也心存感恩，他们把这份感激之情化为认真踏实工作的动力，这也体现在了一副温暖而感人的对联中。2015年春节，留在公司值班的一位老员工刘江红师傅有感而发，撰写了一副对联贴在了工厂的大门上。上联是"帮员工求福利不辞劳苦"，下联是"为国家做贡献昼夜拼搏"，横批是"老板伟大"（见图5-6）。朴实的话语道出了心中的感激之情，也深深地感动了彭纪学。他说："没有员工的努力，就没有公司的发展，发自内心关心善待员工，但从没有想过他们的回报，他们的对联是给我最好的春节礼物，有这么好的员工，我更得努力，决

第五篇
信心满怀创未来

图 5-6　撰写对联的林江红师傅与本书作者交谈

不能让他们失望。"一副对联呈现出一幅员工和老板和谐共处、相互成就的美好画面，这是日兴抛光材料有限公司的一个美谈，也是彭纪学"我为人人，人人为我"处事原则的最好呈现。关心员工，营造拴心留人的企业文化是日兴抛光材料有限公司一直以来的企业理念，也是公司未来软实力提升的重要方面。

三是设立荣誉室。荣誉对于个人来说是一种精神需求，能够为之带来巨大的动力和精神力量。企业荣誉是企业获得的来自社会和公众的奖项与赞许，它是企业实力的见证，是凝聚企业员工的旗帜，是企业发展的灵魂。日兴抛光材料有限公司经过20年的发展，在业界取得了很多荣誉（见图5-7）。为了记录公司的成长，也为了更好地激励员工，日兴抛光材料有限公司在两个工厂分类设立了荣誉室，一个个荣誉证书呈现了公司这些年取得的成就，也激励着彭纪学和员工们努力创造更加美好的未来。

四是思路清晰，明确公司发展和奋斗目标。目标是方向，也是动力，只有明确发展和奋斗目标，才能推动企业更好地向前发展。日兴抛光材料有限公司经过这些年的发展，一步步成为国内美甲产业的领头羊和风向标，但是彭纪学绝不仅仅满足于现状，他有着更远大的目标，那就是在创新的驱动下，乘着我们国家"一带一路"倡议的春风走出国门，力争在国外建成工厂，建立销售网络，在更多的国家看到更多的中国制造和日兴生产。在不久的将来，日兴抛光材料有限公司将会有自己的海外工厂、仓库和销售点，等到那时候彭纪学将带领他的团队和公司更多地活

第五篇
信心满怀创未来

图 5-7　部分荣誉证书

跃在国际美甲产品市场的舞台上，为中国企业赢得更多的青睐和荣誉。

在企业文化的激励下，公司上下更具凝聚力和创造力，必将推动企业不断创造新的业绩，我们相信日兴抛光材料有限公司一定会日益兴旺、更加美好！

二、企业形象

企业形象是企业的无形资产和宝贵财富，是企业软实力中的一个重要元素。企业形象对内可以起到凝心聚力的作用，对外可以提高企业的声誉和客户的忠诚度。企业的形象不仅是企业的名声和知名度，更是一种具有完整体系的无形资产，具体包括：企业实态形象、企业期望形象、企业传播形象、公众认知形象。

企业形象是企业的一张名片，因此成功的企业无一例外地注重企业形象的塑造和宣传，以获得客户和消费者的关注、认同和信赖。打造好企业名片就是要塑造好企业形象的方方面面，经过多年的用心打造，如今日兴抛光材料的这张名片已经走出国门，走向世界。

企业实态形象又被称为客观形象，是指企业实际的观念、行为和物质形态，它是不以人的意志为转移的客观存在。诸如企业生产经营规模、产品和服务质量、市场占有情况、产值和利润等，都属于企业的实态形象。良好的企业实态形象有助于企业赢得公众的理解和信任，也有助于增强企业塑造良好形象的内聚力。日兴抛光材料有限公司成立20多年来，不断扩大企业生产经营规模，并致力于提高产品质量和服务质量。经过多年的用心经营，如今日兴抛光材料有限公司的产品远销海外多个国家，在国内也成了美甲行业的风向标。

近年来，随着公司规范化程度不断提高，各个部门各司其职、各负其责，彭纪学便可以有更多的时间从公司繁忙的事务中抽离出来，便也就有了更多的精力代表公司参与一些社会公益活动、社团活动、行业交流活动等（见图5-8）。通过参与这些活动，全方位提升了包括期望形象、传播形象和公众认知形象在内的企业形象。

三、企业创新能力

企业创新能力就是企业在一定程度上能够系统地完成与创新有关的各项活动的能力。对于企业而言，创新面临的主要挑战就是在技术上实现产品的开发、设计和生产，即在技术上实现创新的想法，具体包括三个方面的活动：技术的研究与开发、产品设计和生产制造。当然任何的创新都并非凭空产生，而需要在已有技术的基础上不断改进完善，这里的已有技术包括企业自己所拥有的，也包括同行其他企业所拥有的。同行之间既是竞争者，也是实现创新的推动者，所以缺乏竞争的企业往往也容易失去创新的动力。而如今在技术创新方面，日兴抛光材料有限公司就面临这样的现实问题。

图 5-8　彭纪学参加行业交流活动

第五篇
信心满怀创未来

曾经，业内有旗鼓相当的同行可以相互学习、相互借鉴、相互促进，彭纪学在自己的公司发展遇到瓶颈时可以请教学习。但现如今，日兴抛光材料有限公司业已经成为业内的行业标杆，在引领行业发展的同时也有了一种高处不胜寒的感觉。彭纪学曾经多次坦诚地说："以前遇到问题，总是看看比自己强的企业，然后不断学习、不断研究，也就不断出新成果，就这样一步步走到今天，成为业界的标杆企业。成为标杆企业虽然很有成就感，但却再也无法像以前那样学习其他的企业，所以有了高处不胜寒的孤独感。"一路走来能有今天的成绩着实不易，所以即便孤独，彭纪学依然信心满怀。他坚定地认为，美甲产品有着广阔的市场前景，作为国内行业的风向标，他和他的团队必须要担当起引领行业发展并不断走向世界的使命，因此他必须以更大的热情投入到技术创新和产品研发中去。每当提到这个话题，向来说话慢条斯理的彭纪学会略微提高音调、加快语速，我们从中可以深刻地感受到他对事业的执着和信心。说到企业的创新，彭纪学娓娓道来，从技术的创新到产品的开发，从设备的改进到市场的开发，当然其中他谈得最多的是技术创新和产品开发。

就技术的创新，彭纪学认为这是企业发展的关键，也是满足更多消费者需求以及赢得他们信赖的关键，为此企业将不断加大对技术革新的人力和资金投入。曾经，虽然懂得人多力量大、点子多，但彭纪学仍然在公司的技术研发上孤身奋斗，因为那时没有足够的资金，作为一个新兴的行业也吸引不来人才；而现在各方面的条件已经发生了很大的变化，资金不缺了，产业前景也被更多人认同和接受了，因此他正在计划着组建一个专业的研发团队，这必将为技术革新提供重要的智力支持。

就产品的开发，彭纪学给公司的定位绝不仅仅是美甲产品，他想把抛光材料这项美的事业从指尖做到全身——人体抛光美容。所谓人体抛光美容，顾名思义就是用抛光材料对人体进行全面美容，而这样的美容已经不仅仅是为了美丽，还为了健康。随着人们生活水平的不断提高，人们对美的关注由外及里，可以说是内外兼修。外在美是形象，内在美是健康，只有二者皆备才符合未来人们对美的追求。正是基于这种对美的追求的科学把握，彭纪学开始筹划着研发致力于人体抛光美容的产品，他坚信在不久的将来，日兴抛光材料有限公司必将会为人的美与健康做出更大的贡献。此外，根据彭纪学的设想，人体抛光材料不仅可以用于身体的健康美容，也可以用于医学手术前的清洁，使用抛光材料进行术前清洁安全而无副作用，环保而无污染，如若真能如他所愿，这必将成为抛光材料技术的巨大革新。当然，任何一项技术革新都需要艰难的探索和持久的坚持，但只要不断努力，终将会把梦想变为现实，我们期待着这样的革新尽早实现。

第三章 在国家"一带一路"倡议下走出去

随着"一带一路"倡议从愿景进入行动阶段,中国企业走出国门融入世界经济已势不可挡。"一带一路"确定了中国政治、经济百年发展的战略,既符合国内经济现状,又符合目前世界经济与政治现状。中国经济全球化,全球经济的复苏与稳健发展均离不开中国经济的驱动。中国经济全球化下的海外投资必然成为新常态。对中国企业而言,及时走出去进行海外布局,有助于释放自身在国内面临的调整和转型压力,有利于释放国内经济下行压力下的市场风险,有利于充分利用国际国内两个市场,有效平衡和降低企业单一市场的运营与行业周期性风险,更有利于实现企业的商业价值和国有资本的保值增值。在中国经济与全球经济高度融合的今天,在当今复杂的国际政治与经济关系的背景下,在目前全球经济调整复苏期,在国内面临结构性调整和转型的压力下,中国的企业家无须继续讨论是否需要走出去的问题,而是要量体裁衣、实事求是地制定自身的国际化战略，加快国际化步伐。在"一带一路"倡议下，"走出去"是众多企业的必然选择，也是彭纪学对于公司发展的长远规划。

谈到"走出去"，彭纪学有着自己清晰的思路，那就是生产销售划分为国内和国外两条线。当前，日兴抛光材料有限公司的产品在国内生产，但90%是销往国外，只有仅仅10%的产品在国内销售，形成这样产销格局的主要原因是现在国人接受美甲服务所占的比例还比较低。但是随着人们生活水平的不断提高，国人的消费观念也会随之改变，作为一个拥有十四亿人口的大国，市场潜力之大难以想象，可以预见不久的将来国内美甲产品的需求一定会大幅提升，因此相应的产品在国内销售的比例也会极大增加。鉴于国外的市场依然有很大的需求，为满足国内外的消费需求，尤其是国家"一带一路"倡议为日兴抛光材料有限公司走出去提供了良好的契机。届时，日兴抛光材料有限公司将实现国内生产国内销售，国外生产国外销售。针对国外产销线，彭纪学已于2019年下半年在尼日利亚购地建厂，并计划在发达国家设仓库，作为分销点或者中转站，计划选择欧美国家。国外生产的产品直接运往欧美，然后再销往世界各地。国内国外两条生产线的设置不仅满足了国内外的市场需求，也避免了产品在国内外的周转；既降低了成本，也简化了程序，不管对于日兴抛光材料有限公司还是客户，都大有益处。图5-9为彭纪学在国外考察。

国家的"一带一路"倡议为企业带来了更多的机遇，也带来

第五篇
信心满怀创未来

图 5-9　彭纪学国外调研

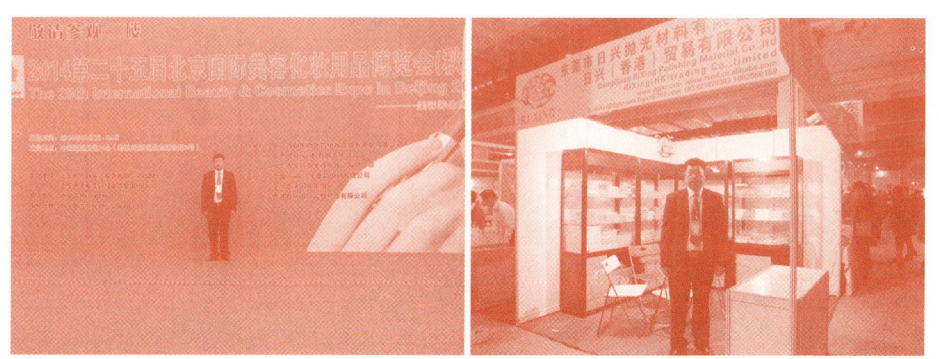

图 5-10　彭纪学参加第二十五届北京国际美容化妆用品博览会

了更多的挑战。"雄关漫道真如铁,而今迈步从头越。"作为国内美甲行业的标杆企业,只要抓住机遇,不畏挑战,勇于创新,不断努力,日兴抛光材料有限公司一定会迎来又一个企业发展的春天。图5-10为彭纪学参加第二十五届北京国际美容化妆用品博览会。

第六篇
注重家风严传承

家风，是一个家庭或家族多年来形成的传统风气、风格和风尚，承载着一个家庭或家族的生活方式、生活态度、文化氛围、理念、价值观和人生观等，这些要素建构成一个家庭或家族独特的特色。家风是一家之风范，是铸造子女成才的熔炉。家风就像一棵树，一棵枝叶如盖的百年大树，子子孙孙都在它的荫蔽之下。"家是最小国，国是千万家。"家风连着国风，好家风会如化雨春风，护着家、护着国。在中国传统文化中，"家国天下"的情怀深入每一个中国人的骨髓。对于一个企业家来说，好家风护着家的幸福，也护着企业的发展，其中意义更显重大。

2015年2月17日，中共中央、国务院在人民大会堂举行2015年春节团拜会，中共中央总书记、国家主席、中央军委主席习近平发表重要讲话。习近平在讲话中强调"不论时代发生多大变化，不论生活格局发生多大变化，我们都要重视家庭建设，注重家庭、注重家教、注重家风"，使得"千千万万个家庭成为国家发展、民族进步、社会和谐的重要基点"。习主席的话深刻揭示了家庭家教家风的重要性，值得我们深思。家庭是孩子的第一所学校，家风作为一个家庭世代相传的价值观和行为准则，是殷实的家底，也是无形的财富。家风作为一种无形的力量一直在潜移默化地影响着我们。中华民族历来有重视家风的优良传统，每个家庭都有自己的家风。从古至今，诸葛亮的《诫子书》、司马光的《家范》、朱熹的《治家格言》、曾国藩的《曾国藩家书》显示出古人在传承家风上的智慧。毛泽东在家风上坚持三条原则："恋亲不为亲徇私、念旧不为旧谋利、济亲不为亲撑腰。"周恩来定的"十条家规"也在民间广为流传，闪烁着优良家风的思想光芒。因家风清廉质朴、善良守信、进取有为而赢得赞誉的名人贤士更是不胜枚举。郑板桥就以竹入联："咬完几句有用书，可充饮食；养成数竿新生竹，直似儿孙"。他教育儿孙做人要像竹子一样虚心有节、刚直不阿。历史上有名的治家格言和家训，都起到启迪后世的作用，值得我们学习，这也充分说明好的家风对于孩子培养教育的重要性。

彭纪学生活在大别山深处的一个普通农家，祖祖辈辈都是勤劳朴实、善良本分的农民，他们用勤劳维持着一家人的生活，用爱温暖着每一个人的心田，用善良教会了孩子做人的道理，而这些都成为彭家良好家风的一部分。时代在变，彭家的生活也在变，他们走出了大山，成为改革开放先富起来的那一部分人。生活的环境变了，家庭的经济条件变了，但不变的是祖辈们留下的良好家风。彭纪学坚信一句古语"子不教，父之过"，所以不管工作多么繁忙，他都不曾忽略对于子女的教育。如他所言："孩子是一个家庭的未来，如果孩子不能成人成才，再大的家业也是无意义的。"正是基于这样的初衷，他不仅严格要求孩子，也希望自家的家风能够代代相传，直至永远。

第一章 勤俭节约

勤俭节约，一直以来都是我们中华民族的传统美德。当今社会，物质生活极为丰富，但节约这种美德却正从很多人身上逐渐消失，尤其是许多孩子节约意识淡薄，没有养成节约的习惯。三国时期的诸葛亮在《诫子书》中写道："夫君子之行，静以修身，俭以养德。"从中可以看出勤俭节约不仅是传统美德，也是个人道德品行修炼提升的重要途径，因此传承勤俭节约之风更显必要。彭家在彭纪学之前世代都是农民，勤俭节约是中国传统农民共有的品德，也是彭家家风的重要内容。如今彭家生活富裕起来了，但彭纪学对勤俭节约家风的传承未有丝毫懈怠。

一、珍惜一粥一饭

彭家在彭纪学之前世代皆是农民，彭纪学的父母亲勤劳质朴、精打细算，在那个贫穷落后的年代用几亩薄田养活了一大家子人。彭家姐弟自小便知"欲求温饱，勤俭为要"的道理，深知

第六篇
注重家风严传承

一粥一饭来之不易，都养成了勤俭节约的习惯和品质。经过多年的商海打拼，如今的彭家物质富足、衣食无忧，但彭家姐弟依然保持着良好的节俭习惯，平时着装朴朴素素，吃饭简简单单。彭纪学不仅自己如此，也要求孩子们不能奢侈浪费。在孩子很小的时候，彭纪学就在饭桌上给他们讲一粒米的来之不易，讲自己小时候挨饿的经历，要求孩子不要浪费食物，教导孩子在家里吃饭要按需取食，吃多少饭，盛多少饭，吃多少菜，盛多少菜，这样才不会造成浪费，如果有吃不完的东西就留着下次吃；在外面吃饭点餐的时候要按自己的饭量来确定，不能什么都要，到后来吃不完剩下。正是从餐桌上珍惜一粥一饭，彭纪学用自己的言传身教使孩子们早早就懂得了"勤俭永不穷，坐食山也空"的道理，养成了不浪费、不攀比的好习惯。

二、参与财富创造

俗语说，轻易得来的就不会珍惜。简单的一句话就可以解释为何现在一些孩子小小年纪就追求名牌、奢侈浪费。究其原因，主要是他们大多没有品尝过贫穷的滋味，也不知道赚钱的艰辛，所以花起钱来自然就大手大脚。因此，从一定意义上说学会节俭最有效的手段就是直接参与到财富创造的过程中。

彭纪学年少时家境贫寒，为了补贴家用，他自己想办法搞种植和养殖。虽然小小年纪就可以赚钱，但却舍不得乱花，因为每一分钱都是自己辛苦挣来的，所以倍加珍惜。这么多年一路走来，财富不断增长，彭纪学节俭的观念和习惯一直没有变，因为他深知创业的艰辛和创造财富的不易。如今，彭家的孩子们可谓自小衣食无忧、物质富足，但彭纪学希望孩子们能够做到居富不奢，学会不断创造财富，并能体会到劳动的成就感。

俗语说：从孩子身上总能看到父母的影子。正是在彭纪学的言传身教下，孩子们都养成了勤俭的好习惯，每每谈到这一点，彭纪学都会倍感欣慰，他坚信懂得节俭是受益终生的财富。他希望勤俭的家风可以代代相传。

第二章 崇尚学习

我国自古以来就有崇尚学习的传统。"立身以立学为先,立学以读书为本"生动地揭示了古人对于学习的崇尚。"学而不思则罔,思而不学则殆",《论语》作为中华民族传统文化流传下来的宝贵的精神财富,孔子及其弟子关于学与思的辩证观念指引我们要善于学习知识,勤于思考问题,唯有能学能思才能创造美好未来。"万般皆下品,唯有读书高"。在漫长的封建社会,人们更是把读书作为改变命运和实现抱负的重要途径。彭纪学的父亲就是承载祖辈的希望,发奋读书,以优异成绩考上了师范学校,虽没能改变面朝黄土背朝天的命运,但知识给了他更多的机会,使他在经济落后的小山村成为一名受人尊敬的教师。幼年的彭纪学经常坐在父亲教书教室的窗户上旁听父亲讲课,知识的种子便埋在了他幼小的心灵深处。

身为教师的父亲喜欢看书,这一习惯深深地影响着彭纪学。年少时,彭纪学为解决冬天种不出蔬菜的难题,自己翻书查阅蔬菜种植方法，不仅实现了在冬天吃上新鲜的青菜，还为家里增加了收入。为了提高养猪的效益，他查阅资料自学养殖技术，成功研究出了独特的饲料配方，大大提高了养猪效益。初到虎门打工时，他自学英语、粤语，攻克语言难关；他充分利用工作之余的时间，靠自学相继拿到了大专、本科文凭和学士学位，通过了国家公共英语三级考试。创业阶段，他不断向书本学、向同行学，并善于思考、勇于尝试，进而获得了多项专利，为企业发展提供重要动力和财富。时至今日，学习依然是彭纪学每天生活的重要内容，而且他学习的领域更加宽泛，从政治到经济，从传统国学到现代文学……每次和彭纪学聊天，他总能引经据典、旁征博引。彭纪学崇尚学习，这是他一步步走向成功的法宝，也是丰盈人生的重要途径。父母是孩子最好的榜样，彭纪学酷爱读书的习惯给孩子们以润物细无声的影响。作为父亲，彭纪学注重用自己的言行影响孩子，也注重引导孩子学习，因而孩子们都养成了良好的学习习惯，有着强烈的学习兴趣。

一、学习兴趣

俗话说，兴趣是最好的老师。从教育心理学的角度来说，学习兴趣是一个人倾向于认识、研究获得某种知识的心理特征，是可以推动人们求知的一种内在力量。孔子说："知之者不如好之者，好之者不如乐之者。"这句话可谓是颠扑不破。现实中我们发现，假如孩子对某一件事不感兴趣，他就不愿意去做，即便被动地去做，也难以有好的效果。反之，如果对一件事感兴趣，他不仅愿意去做，甚至可以达到痴迷而废寝忘食的状态，这就是兴趣的魅力所在。年少时，彭纪学能够独自研究种植和养殖的方法，源于钻研的兴趣，正是因为有着兴趣，所以他能够克服重重困难、能够百折不挠地进行实验，直至成功。虽然每个人都会有与生俱来的特征，但兴趣却与生活的环境和后天的培养关系密切。因此，注重兴趣的培养对于个人成长至关重要。彭纪学是一个成功的企业家，也是一位优秀的父亲，所以培养孩子的兴趣一直是他教育孩子的重要理念。

一是接触大自然，开阔视野。彭纪学至今都还记得儿时在田野中、大山中奔跑的情景，那时虽然贫穷，但大自然给了他儿时最大的快乐，成了最美的回忆。在大自然中可以释放孩子的天性，满足其对世界的好奇，对于孩子兴趣的培养非常重要。或是儿时的情结，抑或刻意的安排，彭纪学喜欢带着孩子到户外活动，陪他们看大自然的花花草草，探索大自然的神秘奥妙，既密切了亲子关系，也激发了孩子的兴趣。

二是给予鼓励，增强自信心。"孩子需要鼓励，就像植物需要水。"年少的彭纪学勤学善思，每每有一些想法，总是习惯性地说给开明的母亲听。母亲虽然没有读过书，也没有多少文化，但却总能理解他，并鼓励和支持他。母亲的鼓励和支持保护了年少时彭纪学的兴趣，给了他尝试的信心和勇气，也使他品尝到了成功的喜悦。应该说，彭纪学一直以来创新的兴趣与勇气和当年母亲的鼓励密不可分。做了父亲之后，彭纪学也总是能够不断给予孩子鼓励，他们取得进步时会得到表扬，当他们遇到成绩不理想时，彭纪学不是责备，而是给孩子空间让他们自己去思考。在父亲的鼓励下，孩子们健康成长、快乐学习，且都很优秀。如今，彭纪学的大儿子已经大学毕业并在一家外企工作，且在工作中表现非常优秀。小儿子开朗活泼，能歌善舞，还参加了2019年中央广播电视总台的春节联欢晚会，表演的节目《找朋友》赢得了观众的认可（见图6-1）。通过登台表演，孩子不仅得到了很好的锻炼，也极大地增强了自信心。女儿自幼学习葫芦丝、琵琶等乐器，虽小小年纪，但演奏起各种乐器来有模有样，并经常参加各种演出（见图6-2）。每每看到女儿在舞台上自信满满地演奏，身为父亲的彭纪学倍感欣慰。

三是积累成功的经验。成功是保持和发展兴趣的前提，也是激发兴趣和勇于实践的重要动力。彭纪学从一个普普通通的打工者成长为一名成功的企业家，一个很重要的原因就是他善于积累成功的经验。年少时，种植菠菜的成功使他懂得要善于学习并勇于尝试，进而翻阅资料，经过反复试验，研制出了可以大大提高养殖效益的猪饲料。创业阶段，水果店的丰厚效益使他认识到，要想成功必须善于发现商机，并善于了解和掌握客户的需求，进而形成了以客户为中心的企业发展理念，赢得了客户的青睐，也保证了企业的发展。企业发展走上正轨后，多项技术研发的成功使他懂得，一个企业要想在激烈的竞争市场中立于不败之地，必

第六篇
注重家风严传承

图 6-1　小儿子参加 2019 春晚演出照片

图 6-2　女儿（右二）表演的照片

须掌握技术创新的主动权，因此不断增大研发力度成为日兴抛光材料有限公司引领国内美甲行业发展的重要保证。美甲行业从小到大，成功的经验使他意识到社会越发展，人们对美的要求越高，需求也越强烈，因此不断提高美甲产品质量并加以领域的拓展成为未来企业发展的方向。善于总结成功经验是彭纪学的习惯，也是他对孩子教育的重要内容。闲暇时刻，吃饭时间，彭纪学喜欢和孩子们聊天，听他们说学习谈生活，每每发现孩子取得了成绩，就引导他们进行总结，不仅激发了孩子的兴趣，也坚定了他们的信心。

二、学习习惯

习惯是一种看不见的力量，是在不知不觉当中养成的，一个人的成功，不仅与智力有关，更重要的还与良好的学习习惯有关。所以才有了这样一句俗语："与其给孩子金山银山，不如教给孩子好习惯。"从某种意义上说，良好的习惯是决定一个人未来成功的基础和保障。

彭纪学的成长历程颇为曲折，历经艰辛获得最后的成功自然是多种因素共同作用的结果，但最根本的原因是他自身的努力，这其中就包含着良好的学习习惯。彭纪学自初中毕业后便没有再接受正规的学校教育，但在社会这所大学校里，他通过不断学习提升自己，获得了事业的成功。谈到学习，彭纪学有着自己的理解。他说："要想学习好，必须习惯好。"回顾彭纪学的学习历程，可以总结为工作之余的争分夺秒、夜校学习时的专心致志、自学考试道路上的不畏艰难、闲暇时刻的国学研读。应该说彭纪学一直坚持着良好的学习习惯，也从好的学习习惯中受益无穷。作为父亲，彭纪学也很注重对孩子学习习惯的养成。

一是专心的学习。"学就学个踏实，玩就玩个痛快"说的就是学习要专心致志，不要三心二意，否则就大大降低了学习效率。如今很多孩子习惯于边吃东西边写作业，或者边看电视边写作业，这都是不好的学习习惯。为了培养孩子专心学习的习惯，彭纪学注重给孩子创造安静的学习空间，使之可以在自己的思想小天地中不被打扰，久而久之养成了他们专心学习的习惯。

二是独立的思考。每一个人都是一个独立的个体，要有自己的思考，而不是人云亦云地跟风从众。彭纪学从年少时便有很强的独立思考的能力，这也是他总能看到别人所看不到的商机的重要原因。为了培养孩子的独立思考能力，彭纪学习惯于听孩子们讲对一些问题的看法和分析，并循循善诱进行引导，培养了孩子们独立思考的好习惯。

列宁说："我们一定要给自己提出这样的任务：第一，学习，第二是学习，第三还是学习。"毛泽东说："好好学习，天天向上。"彭纪学希望孩子们真正做到崇尚学习，让知识的种子在头脑中生根、发芽，在生命中开花、结果！

第三章 家庭和睦

中国人对于家的认知是深刻而全面的,同时对于家的重视也是不可比拟的。由于受中华传统文化的影响,中国人一直秉承孔孟之道,忠孝、仁义、家和万事兴的儒家理念,延续着家庭生活的习惯,祖孙三代生活在同一屋檐下的情况比比皆是。也正是因为这样,中国五千年的传统文化得以保存和传承下来。直到今天,无论传统文化和人的精神层面发生了怎样的变化,"家"依旧是维系所有中国人的地方。中国人一生受到家庭教育、家庭文化的影响,每个人不管长到多大、身居何处,都深深刻上了家的烙印。"家"显然是中国人的精神信仰,是中国人内心最深处的根。

对于每一个人来说,家庭是成长、成熟的摇篮,是成就事业的基石,是生活力量的源泉和理想的归宿。在中国传统文化中,突出"和"字,家庭的和谐是美好的愿望也是美满的标志。从小处说,"家和万事兴",家庭和睦事事都顺心,人人都开心。从大处说,"家齐国安宁",家庭和睦关系到国家的繁荣安定,作为社会的细胞,只有家庭和谐,整个社会才会和谐。"家和"对于家庭和国家、社会如此重要,因此,在崇尚人文精神与世俗生活的中国文化中,家作为饮食起居的场所、亲情血缘的纽带,具有极高的地位。而产生于家庭关系基础之上的伦理规范,更在数千年的历史中成为中国人治理国家的"典范"。可以说,家文化是中国文化的基因。读懂了家文化,也就读懂了中国人。传统社会中有五种基本的人伦关系:君臣、父子、夫妇、兄弟、朋友。这五种关系统称为"五伦"。在"五伦"中,父子、夫妇、兄弟都属于家庭关系,足见家庭关系在社会关系中的重要性。社会在发展,时代在改变,但重视家庭的观念没有变,"家和万事兴"的传统仍在传承。作为一个农耕文明的国家,中国传统的家文化在农家更是根深蒂固,彭家传统的家文化极为浓厚,这些家风传统承载着彭纪学兄弟姐妹的情感,凝结着他们的力量,寄托着他们的期盼。

一、孝敬父母

古训有言:百善孝为先。孝敬父母是中华民族的传统美德,是营造幸福家庭的基石,是彭家家风传承的重要内容。彭家爷爷奶奶在20世纪50年代的大饥荒中相继饿死,彭家父亲和叔叔便由聋哑的二奶奶带着四处乞讨以求活命,正常的老人带着两个孩子讨饭尚且艰难,何况聋哑的二奶奶,生活的艰辛可想而知。艰难的生活不仅使彭家父亲兄弟俩深刻地感受到生活的不易,也更加对相依为命的二奶奶充满感恩之情。大饥荒过后,生活逐渐安稳下来，彭家父亲对二奶奶非常孝顺，在彭家兄弟儿时的记忆中，二奶奶是幸福而快乐的。

父亲对于二奶奶的孝敬被彭纪学兄弟姐妹看在眼里，记在心里，也体现在行动上。从年少时，他们就能体谅父母的艰辛和不易，并力所能及地为家庭分忧解难。尤其是在三弟身患重病时，为了给弟弟治病，三个姐姐早早嫁人，二弟早早辍学外出打工，彭纪学则留在家中一边上学一遍陪伴三弟，并通过种植和养殖来增加家庭收入以补贴三弟的治病费用。

岁月流转，转眼便是几十年。如今，经过多年打拼，彭家兄弟姐妹都有了自己的事业，虽然工作繁忙，但对父母的关心和挂念丝毫未减。早些年，彭纪学姐弟把父母亲接到了虎门，本想让他们在这边儿孙绕膝安享晚年，但老人家不习惯城市的生活，坚持要回到老家去，彭家姐弟拗不过父母，只好把老人家送回老家。对此，彭纪学说："孝顺老人，就是要顺着，尊重他们的选择就是孝呀。"为了让老人在老家生活得舒适方便，儿女们便在县城为老人买了房，既满足了老人在老家居住的愿望，也方便了他们出行和购物，老人开心，做儿女的自然也开心。

彭纪学姐弟孝敬父母的言行深深地影响着孩子们，他们小小年纪就懂得尊敬长辈，知道感恩父母，传承着孝道之家风。

二、夫妻互敬互爱

"盖因夫妇取法阴阳，阴阳和谐则万物生。"简单的一句话

第六篇
注重家风严传承

道出了夫妻和谐相处的重要性，不仅关乎家庭的兴旺，还影响孩子的成长。彭纪学姐弟自小生活清贫，但父母互敬互爱，勤劳节俭，尽管生活清贫，却也是幸福快乐的。直至今天他们都还清晰地记得年少时，父亲在晚饭后给孩子们讲故事，母亲则微笑着坐在一旁纳着鞋底的幸福画面。彭家父母亲相处的点滴成就了彭家姐弟简单而幸福的生活，也影响着他们对于自己家庭的经营方式。如今，不管工作多么繁忙，彭纪学都会抽时间和爱人一起做家务，陪爱人一起散步，又或者一起看场电影；家里遇到事情共同商量，一起做决定；结婚纪念日或者生日送上一份礼物和祝福。细微之处见证了他们夫妻之间的互敬互爱，也给孩子们构筑了一个温馨而充满爱的港湾。

三、教育子女

中国有一句古语："子不教，父之过。"充分说明了父母的教育对于孩子的影响之大。相对于社会和学校教育，家庭教育以其自身独特的方式，通过家庭环境氛围及父母的言论行为对孩子产生潜移默化的影响，在无形中塑造着孩子的人格品德与基本素质。彭纪学的父亲曾经做过几十年乡村教师，在村里算是文化人，彭纪学姐弟小时候，父亲经常在晚饭后和孩子们坐成一圈讲故事，这在农村是少见的，但父亲一直坚持着，一个个故事装点了彭家姐弟的童年，也给了他们一把打开外面世界的钥匙。母亲虽然没有多少文化，但开明宽容善良，她鼓励孩子学习，也支持孩子的"折腾"。少年时期的彭纪学有机会尝试种植和养殖，和母亲的支持与鼓励是分不开的。直至今日，彭纪学谈到父母亲对自己的教育和影响，都颇为感慨，甚至认为如果没有母亲当时对自己的鼓励和支持也许就没有自己的现在。"望子成龙，望女成凤"是天下所有父母的心愿，彭纪学也不例外。对于孩子，他爱而不溺、严而有度。他希望孩子有知识，支持鼓励他们多学习；他希望孩子懂得节俭，让他们参与财富创造并养成节俭的习惯；他希望孩子善良有爱心，带着他们参加一些公益活动；他希望孩子多磨炼，鼓励他们多参加各种活动。如今，孩子们在各方面都很优秀，对于彭纪学而言，用他自己的话说："是比事业成功更欣慰开心的事儿。"

四、兄友弟恭

《弟子规》中有言："兄道友，弟道恭。"即为兄友弟恭，意思是哥哥对弟弟友爱，弟弟对哥哥恭敬，形容兄弟间互爱互敬。作为五伦的重要内容，兄友弟恭在注重纲常礼仪的中华民族被高度认同和遵循，因此历史上流传着很多相关的典故。如《后汉书·赵孝传》中写赵礼母子三人逃难，一次盗贼捉住弟弟赵礼，要取出他的心肝做醒酒汤。赵礼的母亲和哥哥赵孝得知后，立即赶赴山寨，争说自己肥胖，可替其一死，强盗被赵孝"兄爱弟敬，为母者大贤，为子者至孝"的精神所感动，释放了他们。后来，此事传到了皇帝耳中，皇帝深明仁义道德，不仅下诏书封了赵孝兄弟二人官职,还把他们以德感化强盗的善行昭示于天下,让全国老百姓效仿学习。

彭纪学的父亲和叔叔在爷爷奶奶去世后相依为命,共同艰难生活的经历让兄弟之间情深义重。彭纪学姐弟六人,自小生活在一个和睦温暖的大家庭中,彼此之间情感深厚。当初离开家乡外出打工时,他们相互帮助;创业阶段,他们互相扶持;如今,五个兄弟姊妹各有自己的家庭和事业,但他们仍然看重彼此,事业上群策群力(见图6-3),生活上相互关心,闲暇时刻还经常在一起品读国学、讨论时事(见图6-4)。每一次与他们兄弟聊天,我们都会被他们浓浓的兄弟情所感染,也会被他们这个和谐的大家庭所温暖。

生活在这样一个幸福、快乐、和谐的家庭里的孩子们是幸运的也是幸福的。现在,彭家兄弟有的已经做了爷爷,大家庭越来越大,他们希望不管将来到什么时候,一家人都能够父慈子孝、夫妻互敬互爱、兄友弟恭,幸福能够绵延到永久。

图 6-3　彭纪学和二弟分享国学故事

图 6-4　彭纪学与二弟、侄子品茶聊天

第四章 诚实守信

"言必信，行必果""一言既出，驷马难追"这些流传了千百年的古话，形象地表达了中华民族诚实守信的品质。"人无信不立，业无信不兴"充分说明诚实守信是做人之本、立业之基，也是家风的核心。诚实守信是一个人的名片，具备诚信的品格，才能赢得长久的荣誉和尊敬，才能收获事业的成功和生活的美好。从古代的商鞅"立木为信""曾子杀猪"，到今天的张瑞敏砸毁劣质冰箱，信义兄弟孙水林、孙东林从不欠别人钱，都向人们讲述着一个简单而又朴素的道理——诚实守信是做人之根本。

彭纪学，一个从大别山深处走来的普通打工者，他看护过鱼塘，当过最底层的工人，做过高管，开过水果店，后又办工厂，且越做越大，越做越好。谈到成功的秘诀，他说的最多的就是诚实守信。如他所言，诚实守信对于个人而言如同健康，没有它就无法很好地立足于社会；诚实守信对于企业而言则是命脉，没有它就无法生存发展。诚实守信是彭纪学多年人生经历的经验总结，是他的做人之本，亦是他的经商之道。

一、诚以待人多友朋

俗语说："事以诚信，事无不成，人以诚信，人无不亲。"从这里可以看出，在工作中"讲诚信"，事业的道路会越走越宽；在日常生活中"守诚信"，会收获更多的帮助。回顾彭纪学的奋斗史，每一个关键的人生节点都有人相助，看似偶然，实则是对他诚以待人最好的呈现和回报。小小年纪，身为乡村教师的父亲便给彭纪学姐弟们讲诚信的故事和道理，在他们心灵深处种下了诚信的种子，而这种优秀的品质也一直伴随着他们。不管是曾经懵懂的农村少年时光，还是酸涩的打工时代，抑或已经功成名就的今天，他一直把诚以待人作为自己为人处世的根本。打工期间，他恪守职责，认真踏实地做好公司交付的各项工作，处处维护好公司的利益，赢得了老板的信任；他真诚地对待身边的工友，并尽其所能提供帮助，赢得了工友的尊重。长期诚实守信积累的良好人脉成为彭纪学创业时最大的资本，有人出主意、有人出力、有人出钱，众人拾柴火焰高，在朋友家人的帮助下，在老板的支持下，他迈出了创业的第一步，继而不断前行，一路走到现在。

二、诚实守信赢得客户

做生意，信用的重要性众所周知，当一个生意人拥有了良好的信用后，赚钱往往就是水到渠成的事。李嘉诚曾说："如果要

第六篇
注重家风严传承

取得别人的信任，你就必须做出承诺，在做每一个承诺之前，必须经过详细的审查和考虑。一经承诺之后，便要负责到底。即使中途有困难，也要坚守诺言，贯彻到底。"从一个一穷二白的茶楼伙计到拥有数百亿美元财富的华人巨富，在李嘉诚漫长的经商生涯中，信用可以说是贯穿始终的。的确，做生意赚钱靠信用，有了信用，才能更加成功地推销自己、推销自己的产品，才可以赢得更多的合作伙伴，才可以获得客户的认可，才能在市场中占据主要地位。彭纪学从大别山的一个小村庄走出来，从看护鱼塘开始，一步步到现在，如今成为国内美甲产品标杆企业的掌舵人，诚实守信也一直是他做生意坚守的原则。彭纪学经常说："生意再大，如果不守诚信，只想做一次性买卖，那也会将生意做断、做绝，最终无法在商界立足。生意再小，如果诚实守信，有了信誉，就可以生意不断，财源滚滚，做大做强。"回顾多年的从商经历，彭纪学从不曾放松对于信用的坚守，他严把产品原材料关、产品生产关和出口关，决不允许不合格的产品到客户手上。正是多年的诚信经营，良好的信誉使他赢得了客户的信赖，留住了老客户，不断吸引来新客户，订单源源不断，生意越做越大，这为他未来的跨国计划注入了更多的信心和勇气。图6-5为企业获得的信用荣誉。

如今，经过多年的诚信经营，诚实守信已经成为日兴抛光材料有限公司的一张名片，也成为彭纪学个人的品格标签。而他诚实守信的言行也深刻地影响着家人，尤其是孩子们。谈及对孩子

图 6-5 广东省守合同重信用企业荣誉

第六篇
注重家风严传承

们的希望,彭纪学说的最多的也是希望孩子们讲信用、重承诺,成为诚实守信的人。为此,他经常给孩子们讲解诚信的重要性,分享诚信的故事和文章,并严格要求孩子在生活中要严守诚信,如同当年彭家父亲在彭纪学姐弟心中种下诚信的种子一样。如今,彭纪学也在孩子们心中种下了诚信的种子,期盼着这颗种子生根发芽,成为孩子们内心的坚守,并一代代传承。

第五章 崇尚奋斗

习近平总书记说过:"幸福都是奋斗出来的。"唯有奋斗不息才会铸就幸福生活,唯有奋斗不止才能实现个人、社会、国家和民族梦想。应该说奋斗始终都是我们中国人民逢高山开阔路、遇激流架坚桥的先行标签。几千年来,中华民族革故鼎新、自强不息,建大好河山,垦广袤良田,治大江大河,形成多姿多彩的生活,推动中华文明绵延而旺盛。近代以来,自强不息的中华儿女,用不畏艰险、勇往直前的贡献让中国站起来,用锐意进取、实事求是的突破让中国富起来,用不忘初心、牢记使命的担当让中国强起来。应该说崇尚奋斗、自强不息是我们中华民族的优良传统,它融入了我们伟大的民族精神之中,也融入我们中华儿女的血脉之中,成为我们战胜困难、铸造幸福、开创未来、实现梦想的一把钥匙。彭纪学祖辈都是农民,虽然身处大山深处,环境艰苦,生活困难,但他们从没有放弃对幸福和梦想的追寻,并努力奋斗。

第六篇
注重家风严传承

一、黄土地上的劳作

在那个贫穷落后的旧时代，对于大山深处的农村家庭来说，最大的幸福和梦想就是一家老小可以不饿肚子。为此，彭家父辈们日出而作日落而息，辛勤劳动的汗水洒在黄土地上，虽然他们依然没能摆脱贫穷的命运，但奋斗充实了他们的人生，也为后辈们留下了良好的家风。到彭纪学父亲那一代，为了改变家庭的命运，他努力学习，以优异的成绩考上了师范，虽然师范毕业后依然劳作在黄土地，但他作为乡村教师赢得了乡亲的尊重，也用自己的知识滋养着孩子们的童年。到彭纪学这一代，姐弟们生在农村，成长在乡间，但自小时候便深受勤劳的父母亲的影响，努力用自己的奋斗创造更美好的生活。彭纪学少年时期便自己种菜和养殖，也曾经不分昼夜地努力学习，只为在那个吃上商品粮便是改变命运的时代可以考上师范，从此鲤鱼跳龙门，成为一个"公家的人"。然而，命运之神没能眷顾他，虽然已经竭尽全力，但结果却是名落孙山。对于弱者，困难和挫折是过不去的坎儿，但对于强者，却是成功的助推器。毫无疑问，彭纪学属于强者。在改革开放的时代浪潮中，奋斗在黄土地上的彭家姐弟们相继离开家乡，开始了一段奋斗的新历程。

二、打工者的辛酸

凡外出打工者，都有一段辛酸的奋斗史。他们为了改变自己的命运，必须不断地努力拼搏，在这个过程中，付出的不仅是体力,还有脑力。彭纪学历经过多个工作岗位的磨炼,可谓是有苦有累有辛酸,但在每一个岗位上,他都努力做到最好,赢得了同事和工厂老板的青睐。为了更好地做好工作,也为了更好地提升自己,在繁忙劳累的工作之余,他参加电大和自学考试,相继拿到大专和本科文凭,打工途中奋斗的辛酸,只有经历过才有体会。多少个夜晚,工友们已经酣然入梦,彭纪学却在灯光下孜孜不倦地学习;多少个周末,朋友们都在休闲放松,彭纪学却奔波在去上下课的路上……"宝剑锋从磨砺出,梅花香自苦寒来。"坚持不懈的努力,生活不断的淬炼,加上他的勤劳,彭纪学距离他的梦想越来越近,有了阅历、资源、经验,于是他开始了自己的创业奋斗历程。

三、创业者的奋斗

常言说:"万事开头难。"创业伊始,资金有限,他便只能把有限的钱用在刀刃上。为了节省聘用人员的资金,彭纪学姐夫放弃外企的高薪工作过来支持他,弟弟和弟媳也过来帮忙,群策群力,使刚成立的公司慢慢走上了正轨。面对竞争激烈的抛光材料市场,为了在竞争中站稳脚跟、求得发展,彭纪学学习书本理论,并不断进行试验,在工厂自制的铁皮房实验室里一待就是十几小时,甚至忘记了吃饭和休息,尤其是在炎热的夏天,铁皮房的温度高达五六十摄氏度,闷热程度可想而知。但就是在这样的环境里,彭纪学成功研制出了一项项优质产品,拿到了一个个专利，极大地提高了公司的研发能力和产品的科技含量，也极大地提高了公司在美甲产品行业的地位。如今，日兴抛光材料有限公司已经成为国内美甲产业的标杆，在国际市场上也有了一定的知名度，但彭纪学奋斗的脚步并没有停止，他力求不断拓展公司产品的范围，提高产品的质量和效益，并努力开拓更大的国外市场。

马克思说："青春的光辉，理想的钥匙，生命的意义，乃至人类的生存、发展，全包含在这两个字之中，奋斗！"苏格拉底说："世界上最快乐的事，莫过于为理想而奋斗。"对于彭纪学来说，虽然已经功成名就，但心中依然有目标、有理想，所以奋斗不止，脚步不停。每一个人的生命都是有限的，但奋斗的精神是永恒的，唯有代代传承，方能走得更远。

后 记

从构思到成书,历经三年多的时间,经过多次修改,不断完善,最终得以完成。在划上最后一个句号时,我长舒了一口气,为终于完成了一件想做的事,也为终于讲出了这位沐浴着改革开放春风成长起来的优秀企业家的动人的奋斗故事。改革开放是中国经济发展的春天,也是创业者的春天,在这个挑战和机遇并存的伟大时代,这一代人用勤劳和智慧、热情和执着创造了属于他们的成就,书写了属于他们的辉煌。

一代人有一代人的使命,一代人有一代人的辉煌。虽然使命不同,但创造辉煌都需要开拓进取、勇于创新、不懈奋斗。写彭纪学的故事,记录他们这一代人奋斗的历程,可以感受伟大时代跳动的脉搏。读彭纪学的故事,传承他们这一代人奋斗的精神,可以激发出开创美好未来的动力。

他们,乘着改革开放的春风放飞自我追逐着梦想;他们,在"一带一路"倡议的感召下从国内走向世界。越来越多的中国企

后　记

业家活跃在世界经济的舞台上，越来越多的"中国制造"出现在世界各国的柜台里。这是中国企业家的梦想，也是中国为建设人类命运共同体贡献的力量。社会在前进，时代在发展，然而不管环境发生了怎样的变化，精神的传承永不止步。

彭纪学，从大别山深处走来，他身上有改革创新的时代精神，也有淳朴坚韧的大别山精神，谨以此书作为精神传承的载体，代代相传，生生不息。